www.kyohak.co.kr

기초편 (4학년) 4 에서 다루고 있는 필독서 및 주제

『논술 논술 논술…있잖아! 초등 OK 독서논술』에서는 아래의 필독서들을 끝까지 읽지 않고, 이 책의 '독서 활동'에 실린 부분만 읽고도 학습할 수 있게 구성되어 있습니다.

마당 1~4 필독서
- 책이름 : 「달려라 막시」
- 지은이 : 산티아고 가르시아 클래락
- 옮긴이 : 노경실
- 그린이 : 산티아고 가르시아 클래락
- 펴낸곳 : 푸른나무

✽ 주제 활동·과학 탐구 활동의 주제 : 용기·도르래

마당 5~8 필독서
- 책이름 : 「작은 아씨들」
- 지은이 : 루이자 메이 올컷
- 옮긴이 : 신지식
- 그린이 : 최영주
- 펴낸곳 : 교학사

✽ 주제 활동·과학 탐구 활동의 주제 : 이별·눈

마당 9~12 필독서
- 책이름 : 「리틀 변호사가 꼭 알아야 할 법 이야기」
- 지은이 : 노지영
- 그린이 : 이진경·한창수
- 펴낸곳 : 교학사

✽ 주제 활동·과학 탐구 활동의 주제 : 법·색

이 책의 구성과 특징

1. 독서 활동
필독서의 주요 부분을 읽고 내용을 확인한 다음, 'NIE 활동'을 하면서 창의력, 비판력, 추리 상상력을 키웁니다.

생각 활짝(도입)

생각 주렁주렁(동화)

생각 또박또박(NIE)

2. 토론 활동
필독서의 내용 중 한 가지 토론거리를 찾아서 토론을 하고, 내 생각과 다른 친구의 생각도 정리합니다.

생각 활짝(도입)

생각 주렁주렁(토론)

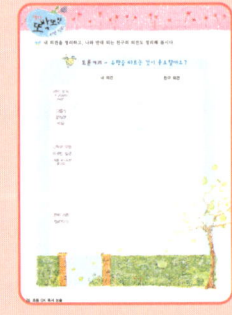
생각 또박또박(의견 정리)

3. 주제 활동
주제와 연관된 다양한 읽을거리(교과서 지문, 만화, 신문 기사, 시, 그림 등)를 읽고, 이해력 문제와 필독서와 연관된 통합 교과 논술 문제를 풀어 봅니다.

생각 활짝(도입)

생각 주렁주렁(읽을거리)

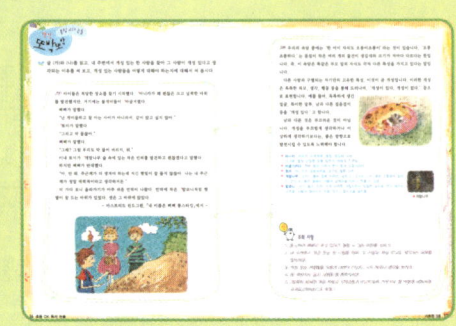
생각 또박또박(통합 교과 논술)

4 과학 탐구 활동
필독서의 내용 중 과학과 연관된 소재를 찾아서 그것과 관련된 내용을 학습하고 통합 교과 서술 문제를 풀어 봅니다.

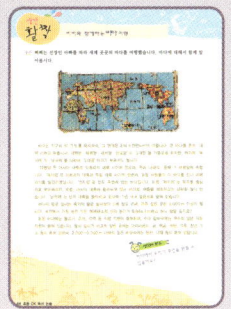 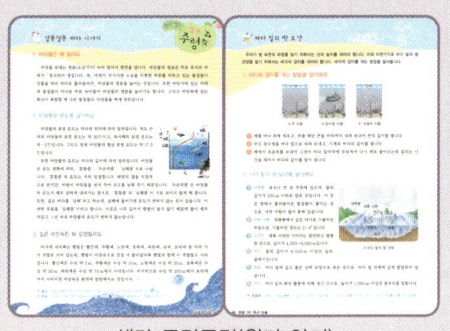 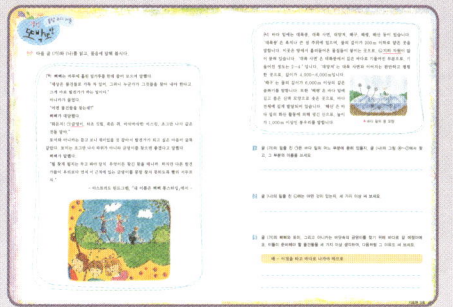

생각 활짝(도입)   생각 주렁주렁(원리 알기)   생각 또박또박(통합 교과 서술)

5 글쓰기, 논리, 수학
필독서의 어휘·문장을 익히고, 문종별 글쓰기·글쓰기 요령을 학습합니다. 또한 일상에서 벌어지는 상황을 놓고 '논리'와 '수학'을 학습합니다.

룰루랄라 글쓰기   논리야 논리야   일상에서 배우는 수학

6 듣기 평가
필독서의 전체 내용을 듣기 문제로 확인합니다.

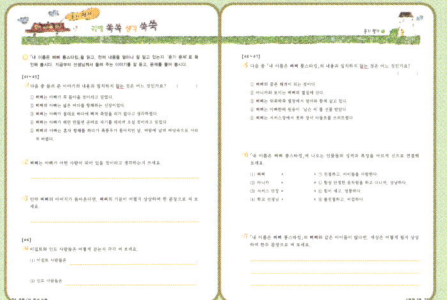

귀에 쏙쏙 생각 쏙쏙

7 쉬어가기
고사성어를 만화로 익히고, 좋은 글을 읽고 상상력을 키우며, 영재 학습을 접해 봅니다.

  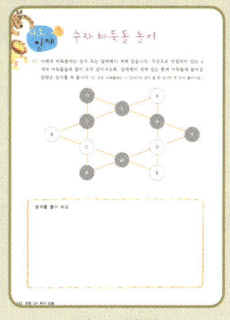

만화로 보는 고사성어   생각 따라 느낌 따라   나도 영재

○ **확인란** 각 활동이 끝날 때마다 '부모님과 선생님의 확인란'이 있어서 논술 학습을 점검할 수 있습니다.

이 책은 초등 학생들이 읽어야 할 필독서를 읽고, 창의적으로 생각하고 통합 교과적으로 이해하여 자신의 생각을 글로 표현할 수 있도록 하는 데 중점을 두었습니다. 한 호의 책은 세 권의 필독서 중 이 책에 실린 부분을 읽은 다음 학습할 수 있도록 하였고, 필독서의 내용을 크게 네 부분으로 나누어서 다양한 활동을 할 수 있도록 구성하였습니다.

한 권의 필독서 중 중요한 지문을 읽고 NIE 활동을 하는 '독서 활동', 그 필독서의 내용에서 주제를 잡아서 토론하는 '토론 활동', 그 필독서의 주제와 관련된 읽을거리를 읽고 논술을 하는 '주제 활동', 그 필독서 속에서 언급된 과학 현상에 대해서 공부하는 '과학 탐구 활동'으로 구성되어 있습니다. 그리고 글쓰기·논리·수학을 학습하는 코너가 있으며, 필독서의 전체 내용을 듣기 문제로 평가하는 코너도 있습니다. 또한 쉬어가는 코너로, '만화로 보는 고사성어', '생각 따라 느낌 따라', '나도 영재' 등이 있습니다.

차례

이 책의 구성과 특징
캐릭터 소개

📖 「달려라 막시」를 읽고

마당 1 – 독서 활동	• 에스파냐로 여행을 떠나 봐요 8 • 책방에 도둑이 들었다! 10 • 엄마의 핸드폰을 되찾은 막시 14 • NIE 활동 18
마당 2 – 토론 활동	• 나는 꼭 모험가가 될 거야! 22 • 목표를 이루기 위해 위험한 일을 해야 할까요? 24 • 내 의견 정리하기 26
룰루랄라 글쓰기	• 낱말과 문장을 알아봐요 27 • 장소를 나타내는 말을 찾아봐요 29
마당 3 – 주제 활동 (용기)	• 외나무다리 건너기 32 • 겁쟁이 사자 33 • 용감한 꼬마 재봉사 34 • 인질을 풀어 준 소년 35 • 통합 교과 논술 문제 36
만화로 보는 고사성어	• 각주구검(刻舟求劍) 42
마당 4 – 과학 탐구 활동 (도르래)	• 엘리베이터의 역사 44 • 도르래의 원리와 종류 45 • 통합 교과 서술 문제 48
논리야 논리야 귀에 쏙쏙 생각 쑥쑥 꼬리에 꼬리를 무는 책 56	• 구름을 타고 다니는 도사? 50 • 듣기 평가 54

📖 「작은 아씨들」을 읽고

마당 5 – 독서 활동	• 미국의 크리스마스 풍경 속으로 들어가 봐요 58 • 로리와 할아버지의 갈등 60 • 메그의 결혼 이야기 64 • NIE 활동 68
마당 6 – 토론 활동	• 착한 베스가 아파요! 72 • 자신을 희생하면서까지 남을 돌봐야 할까요? 74 • 내 의견 정리하기 76
룰루랄라 글쓰기	• 낱말과 문장을 알아봐요 77 • 독서 감상문을 써 봐요 79
마당 7 – 주제 활동 (이별)	• 토토야, 잘 가! 82 • 죽음에게 인사를 83

생각 따라 느낌 따라	• 아버지의 마음 84
	• 사진 속에 담긴 추억 85
	• 통합 교과 논술 문제 86
	• 나를 잊지 마세요 92
마당 8 – 과학 탐구 활동 (눈)	• 하늘에서 내리는 선물, 눈 94
	• 눈의 특징 95
	• 신비한 눈 이야기 96
	• 통합 교과 서술 문제 98
논리야 논리야	• 다이아몬드를 훔친 범인은? 100
귀에 쏙쏙 생각 쑥쑥	• 듣기 평가 104
꼬리에 꼬리를 무는 책 106	

📖 「리틀 변호사가 꼭 알아야 할 법 이야기」를 읽고

마당 9 – 독서 활동	• 법정에서는 어떤 일이 벌어질까요? 108
	• 엉망이의 하루 110
	• 불평이 아저씨의 하루 114
	• NIE 활동 118
마당 10 – 토론 활동	• 축구를 잘 하면? 122
	• 국위 선양을 한 운동 선수에게 혜택을 주어도 될까요? 124
	• 내 의견 정리하기 126
룰루랄라 글쓰기	• 낱말과 문장을 알아봐요 127
	• 요약해 봐요 129
마당 11 – 주제 활동 (법)	• 미래의 법정 132
	• 학교 주변에도 법이 있어요 133
	• 늘어나는 사이버 범죄 134
	• 지구의 환경을 보호하는 법 135
	• 통합 교과 논술 문제 136
나도 영재	• 배부른 원숭이 142
마당 12 – 과학 탐구 활동 (색)	• 색이 보이는 원리 145
	• 색의 특징 146
	• 재미있는 색 이야기 147
	• 통합 교과 서술 문제 148
일상에서 배우는 수학	• 지금은 몇 시? 150
귀에 쏙쏙 생각 쑥쑥	• 듣기 평가 154
꼬리에 꼬리를 무는 책 156	
NIE 자료 157	

● 초등 ok 통합논술 친구들을 소개합니다~

기초편 친구 아지의 이야기를 들어 봐요

「초등 OK 통합논술」 책나라에서 논술 친구 아지가 태어났어요. 태어나서 눈을 뜬 아지는 슈퍼맨이 되려는 꿈을 가지게 되었어요. 슈퍼맨이 되기 위해서는 논술 공부를 열심히 해야 한다고 해요. 그래서 아지는 논술 공부를 하기 위해 열심히 준비하고 있답니다.

"아지에게 별이 생겼어요." 아지는 논술 공부를 하면서 실력이 쑥쑥 느는 만큼 조금씩 슈퍼맨의 모습으로 변화하며 커간답니다.

"아지에게 날개가 달렸네요!" 슈퍼맨의 모습이 보이고 있어요. 공부를 열심히 해서 실력을 조금만 더 쌓으면 이제 하늘을 날 수 있겠네요.

"아지가 슈퍼맨이 됐어요!" 늠름한 저 모습~! 약해 보이기만 하던 아지가 이제 늠름해졌어요. 논술 공부를 열심히 하면 아지처럼 슈퍼맨이 될 수 있어요. 아지는 오늘도 슈퍼맨으로 하늘을 멋지게 날기 위해 논술 공부를 열심히 한답니다.

마당 1

「달려라 막시」를 읽고

독서 활동

생각 활짝 에스파냐로 여행을 떠나 봐요
생각 주렁주렁 책방에 도둑이 들었다!
　　　　　　　　엄마의 핸드폰을 되찾은 막시
생각 또박또박 NIE 활동

학습 주제
- 「달려라 막시」를 읽고, 내용을 파악하여 문제를 해결한다.
- 'NIE 활동'으로 내 생각을 표현한다.

에스파냐로 여행을 떠나 봐요

정열과 모험의 나라

유럽의 남서쪽에 있는 에스파냐는 영어로 '스페인'이라고도 해요. 유럽 사람들은 대체로 조용한 성격을 가지고 있지만, 에스파냐 사람들은 달라요. 에스파냐의 날씨는 건조하고 무더우며, 국토의 반 이상이 산으로 되어 있어요. 이러한 자연 환경의 영향으로 에스파냐 사람들은 정열적이고, 모험을 좋아한답니다.

투우

화려한 옷을 입은 투우사가 붉은 천을 휘둘러 소를 다스리는 모습이 마치 아름다운 춤을 추는 것 같지요? 투우를 보기 위해 매년 수많은 관광객들이 에스파냐로 찾아온답니다.

플라멩코

에스파냐의 '안달루시아' 지방에서 예부터 전하여 오는 음악과 춤이에요. 기타와 캐스터네츠 소리에 맞추어 손뼉을 치거나 발을 구르며 추는 춤이지요. 이 춤에는 에스파냐 사람들의 기쁨과 괴로움, 사랑과 미움, 그리고 정열이 담겨 있답니다.

알람브라 궁전

에스파냐의 '그라나다'에 있는 이슬람 궁전이에요. 이슬람 교에서는 우상숭배(신 이외의 사람이나 물체를 믿음의 대상으로 우러러 보는 일)를 금지하기 때문에 건물 벽에 사람이나 동물 모습을 그릴 수 없어요. 그래서 알람브라 궁전 곳곳은 기하학적인 무늬(점·선·면으로 그린 무늬)로 꾸며져 있답니다.

피카소
'피카소(1881~1973년)'는 에스파냐가 자랑하는 예술가예요. 피카소의 그림 중에는 한 사람의 얼굴을 양쪽에서 동시에 본 것처럼 그려져 있는 것이 많이 있어요. 어느 쪽에서 바라보는지 알 수 없기 때문에 여러 가지를 상상할 수 있지요.

시에스타
에스파냐 사람들은 무더운 한낮에 낮잠을 자는 풍습이 있어요. 이 낮잠 시간(오후 1~4시)을 '시에스타'라고 해요. 그런데 요즘에는 한낮에도 열심히 일을 하려는 사람들이 많아서 시에스타 시간을 지키지 않는 곳이 많아졌다고 합니다.

파엘라
프라이팬에 쌀과 고기, 해산물 등을 함께 볶은 에스파냐의 대표적인 전통 음식이에요. 요리의 이름인 '파엘라'는 원래 바닥이 넓고 깊이가 얕은 프라이팬을 가리키는 말이었어요. 옛날, 에스파냐 사람들이 들에서 일하다가 포도나 오렌지 나무의 가지를 꺾어서 불을 지피고, 그 위에 파엘라(프라이팬)를 놓고, 여기에 주변에서 쉽게 구할 수 있는 재료들을 볶아 먹은 것에서 파엘라가 시작되었어요.

토마토 축제
에스파냐의 '부뇰'에서는 매년 8월 마지막 주 수요일에 토마토 축제가 열려요. 축제가 시작되기 전, 마을 사람들은 건물과 창문을 비닐, 천 등으로 감싸요. 토마토 축제가 시작되면 마을이 온통 토마토 범벅이 되기 때문이지요. 축제가 시작되면 사람들은 서로에게 토마토를 던진답니다.

책방에 도둑이 들었다!

* **나** : 이 필독서의 주인공으로, 본명은 '막시모'인데 모두 '막시'라고 부름. 모험가가 되고 싶어함.
* **도난** : 도둑맞음.
* **훌리아 아줌마** : 훌리아 책방의 주인 아줌마.
* **장부** : 돈이나 물품을 내어 주거나 받은 것을 적어 두는 책.
* **릴리** : 주인공 '막시'와 제일 친한 친구로, 용감하고 의리 있고 똑똑한 여자 아이.
* **성큼성큼** : 다리를 잇따라 높이 들어 크게 떼어 놓는 모양.

*나는 그 아이들이 판매대에 놓여 있는 사탕을 주머니에 가득 집어 넣고, 그 중 한 명이 역시 판매대에 진열해 놓은 조그마한 계산기를 슬쩍하는 것을 보았다. 내가 아줌마 책방의 *도난 사건의 증인이 되고 있는 순간이었다.

아무것도 모르는 *훌리아 아줌마는 책방에서 나가는 어른 두 분께 인사를 하고 있었다.

"안녕히 가세요. 또 오세요."

아줌마는 태연하게 *장부를 꺼내 들었다. 이 끔찍한 도난 사건을 아는 사람은 나뿐이었던 것이다!

"이런 *릴리야, 저것 좀 봐 봐. 쟤네들 도둑인가 봐. 물건을 훔치고 있어……."

내가 기어 들어가는 목소리로 말했다.

"막시! 뭐라고? 너 방금 뭐라고 그랬어?"

"쉿! 움직이지 마!"

나는 입술에 손가락을 갖다 대었다.

"아무래도…… 쟤네들 도둑질하는 것 같아."

릴리는 내 말을 듣자마자 벌떡 일어섰다. 그리고 *성큼성큼 앞으로 걸어 나갔다.

막시의 말과 행동으로 보아, 막시는 어떤 성격이라고 생각하나요?

"릴리, 안 돼. 위험해……."

그러나 내 목소리는 내 귀에도 잘 들리지 않을 만큼 작았다. (중략)

"넌 책을 보러 책방에 온 아이 같지가 않아. 내가 보니까 너는 물건을……."

릴리가 목소리를 높이며 말했다.

"잠깐만 얘들아."

나는 얼른 릴리의 말을 잘랐다.

"얘들아, 우리 좀 진정하고 얘기하자."

"나는 진정할 필요 없어. 쟤나 진정하라고 그래!"

릴리가 나를 옆으로 비켜 세우며 말했다.

바로 그 때, 누가 내 등을 *후려쳤다. 그 충격이 너무 심해서 나는 책장 쪽으로 날아가 쓰러졌고, 들고 있던 책은 땅바닥에 *내동댕이쳐졌다.

"얼른 도망가자."

작은 아이가 말하는 것이 들렸다.

"얼른!"

"어……. 거기 무슨 일이니?"

그제서야 아줌마의 목소리가 들렸다. 나는 얼른 일어나서 아줌마에게 *자초지종을 이야기하려 했지만, 등이 너무 아픈데다가 도난 사건을 목격했다는 놀라움이 너무 커서 멍하니 엎드려 있었다.

"막시야, 괜찮니?"

릴리가 물었다.

"너희들 왜 이러니? 무슨 일이 있었니?"

급히 달려온 아줌마가 물었다.

유리문 너머로 보니 이미 두 아이는 책방에서 길거리로 나가 건너편 건물 쪽으로 뛰어가고 있었다.

* **후려치다** : 주먹이나 채찍 따위를 휘둘러 힘껏 갈기다.
* **내동댕이치다** : 아무렇게나 힘껏 마구 내던지다.
* **자초지종** : 처음부터 끝까지의 과정.

생각해 봐요

친구들끼리 다투는 것을 말릴 때 어떤 말을 하는 것이 좋을까요?

1. 문제를 발견하자
   막시는 책방에서 무엇을 보았나요?

2. 문제를 해결하자-하나
   막시는 1번 일을 보고 어떻게 하였나요?

3. 문제를 해결하자-둘
   1번 일을 안 릴리는 문제를 어떻게 해결하였나요?

4. 결과를 파악하자
   물건을 훔친 두 사내아이들은 결국 어떻게 행동하였나요?

5. 내 답안을 요약하자
   막시는 책방에서 _____
   _____
   _____

말하고 들어 보아요

🦋 내가 만약 막시라면, 책방에서 아이들이 책을 훔치는 것을 보았을 때 어떻게 행동할지 말해 봅시다. 그리고 다른 친구의 말도 잘 들은 후 써 봅시다.

내 생각　　　　　　　　　친구 생각

마당 1 독서 활동

엄마의 핸드폰을 되찾은 막시

* **몬테로 형제** : 책방에서 물건을 훔친 두 사내아이.
* **좁쌀** : 조의 열매를 찧은 쌀. 작고 좀스러운 사람이나 물건을 비유적으로 이르는 말.
* **절름발이 아저씨** : 막시가 몬테로 형제를 쫓아다니다가 만난, 다리가 하나뿐인 아저씨.
* **고요하다** : 조용하고 잠잠하다.

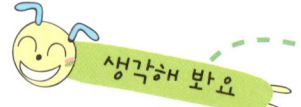

언제 메아리를 들어 보았나요?

　막상 밖으로 나왔지만 나는 혼자서 뭘 어찌해야 할지 모르고 그냥 서 있었다. 그런데 그 때, 아주 멀리 도망가고 있는 *몬테로 형제가 보였다. 이제는 몬테로 형제가 *좁쌀만한 점처럼 작게 보여도 찾아 낼 수 있을 것 같았다.

　나는 두 번도 생각하지 않고 곧바로 그 애들을 뒤쫓아 가기 시작했다. 길에는 사람이 많지 않았지만 주차된 차들이 많아 빨리 달릴 수가 없었다.

　두 아이는 더 좁은 길로 들어섰다. 우리들의 거리는 점점 좁혀졌고 나는 그들을 거의 다 따라잡고 있었다.(중략)

　"너희들 빨리 나와서 얼굴을 보여!"

　나는 아까 *절름발이 아저씨가 그랬던 것처럼 무섭게 소리쳤다.

　"얼굴을 보여라."

　메아리가 울렸다.

　"……보여라."

　그리고 다시 한 번 *고요함이 찾아왔다.

　"너희들이 나오기 전에는 나도 절대로 여기서 나가지 않을 거야."

　"……나가지 않을 거야……."

　"……않을 거야."

　이번 고요함은 오래 가지 않았다.

"도대체 왜 우리를 쫓아다니는 거야?"
형제 중 한 아이의 목소리가 들렸다.
"우리 엄마 핸드폰을 돌려 줘!"
나는 당당하게 말했다.
"핸드폰을 돌려 주지 않으면 여기서 한 걸음도 물러서지 않을 거야!"
"웃기지 마! 우리는 둘이고 넌 혼자야!"
이번에도 같은 목소리가 나를 *위협했다.
"스무 명이라도 상관없어!"
나는 지지 않으려고 더 큰 소리로 대답했다. 얼마나 *대담하게 말했는지 나 자신도 놀랐다. (중략)

그 때였다. *기적과도 같은 일이 벌어졌다.
"핸드폰을 돌려 주면 돌아가겠니?"
나는 너무 기뻐 금방 대답하지 못했다.
"핸드폰? 그래! 우리 엄마 핸드폰만 돌려 주면 난 금방 갈 거야. 자, 어서 돌려 줘!"
나는 마지막까지 용기를 잃지 않으려고 무시무시 애를 썼다. 영화에서 본 것처럼 계단으로 몬테로 형제가 내려오기 시작했다.
"자, 네 핸드폰. 가져가."

* **위협하다** : 힘으로 으르고 협박하다.
* **대담하다** : 담력이 크고 용감하다.
* **기적** : 상식으로는 생각할 수 없는 기이한 일.

생각해 봐요
겁이 났지만 용기를 내 본 경험이 있나요?

확인해 보아요

1 문제를 발견하자
도망가고 있는 몬테로 형제를 본 막시는 어떻게 행동했나요?

2 문제를 전개하자-하나
막시가 몬테로 형제를 쫓아간 이유는 무엇인가요?

3 문제를 전개하자-둘
"우리는 둘이고 너는 혼자야."라고 몬테로 형제가 위협하자 막시는 뭐라고 말했나요?

4 결과를 파악하자-하나
결국 몬테로 형제는 어떻게 했나요?

5 결과를 파악하자-둘
몬테로 형제가 4번과 같이 행동한 이유는 무엇일까요?

6 내 답안을 요약하자
몬테로 형제를 발견한 막시는 _____
_____
_____

16 달려라 막시

말하고 들어 보아요

🦋 내가 만약 막시라면, 몬테로 형제에게 어머니의 핸드폰을 돌려받은 후 그들을 어떻게 할지 말해 봅시다. 그리고 다른 친구의 말도 잘 들은 후 써 봅시다.

내 생각

친구 생각

막시, 용감한 어린이가 되다!

🦋 막시가 되어 다음 기자의 질문에 알맞은 답을 해 보고, 인터뷰 내용에 어울리는 제목을 써 봅시다.

제목 :

올해 '용감한 어린이상'의 수상자는 '막시'라는 소년으로 결정되었습니다. 막시는 혼자서 도둑들을 잡고 어머니의 핸드폰을 찾아왔다고 합니다. 막시와 인터뷰를 해 보도록 하겠습니다.

1. 혼자서 도둑들을 쫓았다는 사실을 알고, 어머니께서 무슨 말씀을 하시던가요?

   _____

2. 어떻게 도둑들을 잡을 용기가 났나요?

   _____

3. 마지막으로, 용감한 어린이가 되고 싶은 친구들에게 한 말씀해 주세요.

   _____

(157쪽에서 알맞은 'NIE 자료'를 찾아 오려 붙이세요.)

▲ '용감한 어린이상'을 받은 막시

찰칵 사진 모험을 떠나 봐요

🦋 내가 모험하고 싶은 곳의 사진을 157쪽의 'NIE 자료'에서 찾아 빈 곳에 오려 붙이고, 그 곳에 가고 싶은 이유를 써 봅시다.

그 곳에 가고 싶은 이유 : _____

(알맞은 'NIE 자료'를 찾아 오려 붙이세요.)

우리들 세상 '상어 떼' 친구를 모집합니다!

🦋 막시와 릴리가 속해 있는 '상어 떼'에서 새로운 친구를 찾는다고 합니다. 나는 왜 '상어 떼'에 들어가고 싶은지를 생각하여 '가입 신청서'를 써 봅시다.

가입 신청서

_____

_____

_____

_____

년   월   일

신청인 :

톡톡 독서 감상문: 막시에게 쓰는 엽서

「달려라 막시」를 읽고, 막시의 행동 중에서 가장 인상 깊었던 장면을 그림으로 그려 보고, 막시에게 하고 싶은 말을 다음 엽서에 써 봅시다.

인상 깊은 장면을 그려 봐요

마당 끝!
| 부모님 확인 | 선생님 확인 |

마당 2 「달려라 막시」를 읽고

토론 활동

생각 활짝 나는 꼭 모험가가 될 거야!
생각 주렁주렁 토론하기
생각 또박또박 내 의견 정리하기
룰루랄라 글쓰기 낱말과 문장을 알아봐요
　　　　　　　　장소를 나타내는 말을 찾아봐요

목표를 이루기 위해 위험한 일을 해야 할까요?

학습 주제
- '목표를 이루기 위해 위험한 일을 해야 하는가'에 대해서 내 생각을 정리하고 친구들과 토론한다.
- 「달려라 막시」에 나오는 낱말을 이용하여 문장을 만들어 보고, 장소를 나타내는 말을 찾아보는 활동을 한다.

나는 꼭 **모험가**가 될 거야!

어떠한 위험이 있더라도 나는 꼭 훌륭한 모험가가 될 거야.

- 여러분의 목표는 무엇인가요?
- 목표를 이루기 위해서라면 위험한 일도 해야 할까요?
- 목표를 이루기 위해서는 무엇을 해야 하는지 생각해 봅시다.

🦋 내가 초등 학생 때 이루고 싶은 목표와 어른이 되었을 때 이루고 싶은 목표를 쓰고, 그것을 이루기 위해서 해야 할 일을 각각 써 봅시다.

(1) 초등 학생 때 이루고 싶은 목표 : _____

(2) 위의 목표를 이루기 위해서 해야 할 일 : _____
_____
_____
_____

(3) 어른이 되었을 때 이루고 싶은 목표 : _____

(4) 위의 목표를 이루기 위해서 해야 할 일 : _____
_____
_____
_____

목표를 세우고 노력하면
언젠가는 이루어질 거야.

마당 2 토론 활동 23

목표를 이루기 위해 위험한 일을 해야 할까요?

"위험한 일이라도 해야 해요."

제 이름은 우예은입니다. 저는 자신의 목표를 이루기 위해서는 위험한 일이라도 도전해야 한다고 생각합니다.

목표를 달성하기 위해서는 희생과 노력이 반드시 뒤따릅니다. 예를 들어, 탐험가가 되기 위해서는 생명을 넘나드는 상황을 잘 견뎌 내야 합니다. 남극을 탐험하기 위해서는 뼈를 깎는 듯한 추위를 견뎌 내야 하고, 아프리카 *오지를 탐험하기 위해서는 찌는 듯한 더위와 무시무시한 맹수의 공격을 이겨 내야 합니다. 또한, 훌륭한 과학자가 되기 위해서는 생명을 앗아갈 수 있는 위험한 실험도 마다하지 않아야 합니다. 이러한 사람들이 있었기에 인간은 *극지방과 오지를 탐험할 수가 있었고, 병을 치료할 방법을 발견할 수도 있었던 것입니다.

위험을 두려워하면 아무것도 할 수가 없습니다. 이는 「달려라 막시」의 막시만 보아도 알 수가 있습니다. 막시는 어머니의 핸드폰을 찾아야 한다는 목표가 있었고, 그 목표를 이루기 위해 위험을 마다하지 않았습니다. 만약 막시가 위험을 무릅쓰고 몬테로 형제를 뒤쫓지 않았다면 어머니의 핸드폰을 되찾지 못했을 것입니다.

그러므로 저는 자신의 목표를 이루기 위해서는 어떠한 위험이 있는 일이라도 도전해야 한다고 생각합니다.

* **오지** : 해안이나 도시에서 멀리 떨어진 대륙 내부의 땅.
* **극지방** : 남극과 북극을 중심으로 한 그 주변 지역.

1 예은이의 주장은 무엇인가요?

2 예은이가 1번과 같이 주장하는 이유를 찾아 밑줄을 그어 보세요.

3 예은이의 주장을 뒷받침할 수 있는 다른 이유나 예를 써 보세요.

"위험한 일을 하지 않아도 돼요."

제 이름은 정윤호입니다. 저는 자신의 목표를 이루기 위해서 위험한 일에 도전할 필요는 없다고 생각합니다.

목표를 이루기 위해서 위험한 일에 무모하게 도전하다가, 자칫 자신의 목숨까지 잃을 수도 있습니다. 그 예로 남극 탐험가인 '*로버트 팔콘 스콧'을 들 수 있습니다. 스콧은 남극을 정복하겠다는 목표를 갖고, 1910년에 남극점을 향하여 길을 떠났습니다. 그런데 비슷한 시기에 '*로알드 아문센'이라는 탐험가도 남극점을 향하여 길을 떠났습니다. 스콧은 경쟁자인 아문센의 탐험대보다 일찍 남극점에 도착하기 위해서, 몸은 지치고 식량이 부족한데도 무리한 탐험을 계속했습니다. 결국 스콧은 남극점에 도착하였지만, 돌아오는 길에 추위와 배고픔으로 목숨을 잃고 말았습니다.

목표를 이루는 것보다 중요한 것은 자신의 안전과 생명입니다. 그러므로 저는 목표를 이루기 위해서 위험한 일에 도전할 필요는 없다고 생각합니다.

* **로버트 팔콘 스콧(Robert Falcon Scott, 1868~1912년)** : 영국 출신의 탐험가. 1912년 1월 18일에 남극점에 도달하였으나, 무리한 탐험으로 인해 결국 목숨을 잃음.
* **로알드 아문센(Roald Amundsen, 1872~1928년)** : 노르웨이 출신의 탐험가. 남극을 탐험하는 도중에 충분한 휴식을 갖고 부족한 식량을 사냥으로 보충하여, 1911년 12월 14일에 세계 최초로 남극점에 도달함.

1 윤호의 주장은 무엇인가요?

2 윤호가 1번과 같이 주장하는 이유를 찾아서 밑줄을 그어 보세요.

3 윤호의 주장을 뒷받침할 수 있는 다른 이유나 예를 써 보세요.

마당 2 토론 활동

🦋 내 의견을 정리하고, 나와 반대 되는 친구의 의견도 정리해 봅시다.

 **토론거리 – 목표를 이루기 위해 위험한 일을 해야 할까요?**

위험한 일이라도 해야 한다   위험한 일을 하지 않아도 된다

내 의견

그렇게
결정한
이유

이유에 대한
자세한 설명
(예를 제시하면
좋아요.)

내 주장
정리하기

낱말과 문장을 알아봐요

🦋 다음 고양이들이 들고 있는 푯말에 적힌 뜻에 해당하는 낱말을 〈보기〉에서 찾고, 푯말에 묶인 실을 따라 도착한 실뭉치에 그 낱말을 써 봅시다.

가쁘게, 간절히, 시무룩하게, 재빨리, 호되게

1. 마음에 못마땅하거나 시답지 않게.

2. 동작 따위가 빠르게.

3. 몹시 숨이 차게, 힘에 겹게.

4. 매우 심하게.

5. 마음 씀씀이가 더없이 정성스럽고 지극하게.

마당 2 토론 활동 27

🦋 다음 〈보기〉처럼 제시된 낱말을 알맞게 바꾸어서 문장을 만들어 봅시다.

가쁘다 : 해적은 힘이 드는지 침을 흘리며 가쁘게 숨을 쉬고 있었다.

1 호되다 : _____

2 간절하다 : _____

3 재빠르다 : _____

4 시무룩하다 : _____

🦋 다음 〈보기〉처럼 짧은 소리로 발음해야 하는 낱말을 나타내는 그림을 157쪽의 'NIE 자료'에서 찾아 알맞은 곳에 붙이고, 그 낱말을 사용하여 문장을 만들어 봅시다.

눈 : 해적은 소리 없이 살그머니 다가와 내 앞에 서서 어둠 가운데 빛나는 눈으로 나를 바라보고 있었다.

1 굴 : _____ (알맞은 'NIE 자료'를 찾아 오려 붙이세요.)

2 말 : _____ (알맞은 'NIE 자료'를 찾아 오려 붙이세요.)

3 사과 : _____ (알맞은 'NIE 자료'를 찾아 오려 붙이세요.)

장소를 나타내는 말을 찾아봐요

'장소'란, 어떤 일이 이루어지거나 일어나는 곳입니다. 장소의 바뀜에 따라 내용을 정리하면 이야기의 흐름을 쉽게 알 수 있습니다.

🦋 다음 제시된 문장에서 장소를 나타내는 말을 모두 찾아 밑줄을 그어 봅시다.

1. 나는 전화를 끊지 않은 채 서재에서 나와 부엌으로 갔다.

2. 시장 안에는 신비한 볼거리라고는 하나도 찾아볼 수 없었다.

3. 나는 두 아이를 찾기 위해 시장 통로를 샅샅이 살피며 다녔다.

4. 릴리와 나는 사람들이 무수히 오고 가는 길거리 한복판에 있는데 무엇을 어떻게 해야 할지, 어디로 가야 할지, 아무것도 생각나지 않았다.

🦋 다음 〈보기〉처럼 장소를 나타내는 말을 사용하여 문장을 만들어 봅시다.

> **보기**
>
> 책방 : 나는 아버지의 심부름을 하기 위해서 <u>책방</u>에 갔다.

1. 가게 : _____

2. 집 밖 : _____

3. 바닷가 : _____

다음 글을 읽고, 물음에 답해 봅시다.

"아, 참 잘 잤다."
굴 속에서 잠을 자던 토끼가 잠에서 깨어났어요. 토끼의 굴은 산꼭대기의 커다란 바위 아래에 있었지요.
'아유, 배고파. 배가 고프니까, 더 잘 수도 없네. 뭐 먹을 게 없을까?'
토끼는 굴 밖으로 나왔습니다.(중략)
'그래, 늘 가던 솔밭에 가 봐야겠다. 마른 풀이 많이 있을 테니까.'
토끼가 눈 위를 깡충깡충 뛰어갑니다. 그럴 때마다 눈 위에는 토끼 발자국이 또렷합니다. 토끼 발자국은 큰 바위에서 솔밭까지 이어졌습니다.
'여기에도 눈이 쌓였네. 먹을 것을 찾을 수가 없어. 어떡하지? 저 산 중턱에는 눈이 조금밖에 안 왔을 거야.'
이렇게 생각하며 토끼는 산에 오릅니다.
산 중턱에는 넓은 풀밭이 있었습니다. 하지만, 토끼는 그 곳에서도 먹을 만한 풀이나 열매를 찾을 수 없었습니다.

'아, 배고파!'
그 때, 산 아래 마을에서 연기가 모락모락 피어오르는 것이 보였습니다.
'그래, 마을로 가자. 거긴 먹을 것이 있을 거야.'
토끼는 골짜기를 따라 산 아래로 내려갔습니다.

1 이 글에서 토끼가 먹이를 구하기 위해 찾아간 곳을 모두 찾아 쓰세요.

2 장소를 나타내는 말을 넣어, 이 글 뒤에 이어질 내용을 상상하여 써 보세요.

마당 3 「달려라 막시」를 읽고

주제 활동

생각 활짝 　외나무다리 건너기
생각 주렁주렁 　겁쟁이 사자
　　　　　　　용감한 꼬마 재봉사
　　　　　　　인질을 풀어 준 소년
생각 또박또박 　통합 교과 논술 문제
만화로 보는 고사성어 　각주구검(刻舟求劍)

용기

학습 주제
- '용기'와 관련된 여러 가지 글을 읽고, 용기에 대해 생각해 본다.
- 「달려라 막시」를 읽고, '용기'를 주제로 통합 교과 논술 문제를 풀어 본다.

외나무다리 건너기

🦋 내가 만약 다음 만화와 같은 상황이라면, 두 아이의 행동 중에서 어떤 행동을 할지 생각해 봅시다.

겁쟁이 사자

도로시는 헨리 아저씨와 엠 아주머니, 그리고 강아지 토토와 함께 살고 있었습니다. 그러던 어느 날, 도로시와 토토는 사나운 회오리바람에 휩쓸려 오즈의 나라에 오게 되었습니다. 집으로 돌아가기 위해서는 마법사 오즈의 도움을 받아야 한다는 이야기를 들은 도로시는, 허수아비와 *양철 나무꾼과 함께 마법사 오즈를 찾아 나섰습니다.

도로시와 친구들이 산길을 걷고 있을 때였습니다. 갑자기 수풀 속에서 무시무시한 사자가 나타났습니다. 사자를 본 토토는 마구 짖어 대며 덩치 큰 사자에게 덤벼들었습니다. 그러자 사자는 토토를 잡아먹을 듯이 토토 앞에 바짝 다가섰습니다.

"앗, 안 돼!"

도로시는 급히 토토 앞으로 뛰어나가 사자의 콧등을 때렸습니다. 그러자 놀라운 일이 일어났습니다. 화가 나서 덤벼들 줄 알았던 사자가 눈을 동그랗게 뜨고 도로시를 쳐다보는 것이었습니다.

"때려서 미안해요. 하지만 어떻게 조그마한 강아지에게 덤벼들 수가 있죠?"

도로시의 말에, 사자는 눈물을 흘리며 말했습니다.

"이 녀석에게 물릴까 봐 무서워서 그랬어요. 모두가 내 겉모습만 보고 날 무서워하지만 사실 난 겁쟁이에요."

"그럼 우리와 함께 갈래요? 우리는 마법사 오즈에게 도움을 청하러 에메랄드 시로 가는 중이에요. 마법사 오즈는 당신에게 용기를 줄 수 있을 거예요."

– 라이먼 프랭크 봄, 「오즈의 마법사」 –

＊ **양철** : 안팎에 은백색의 금속을 입힌 얇은 철판. 통조림이나 석유통 따위를 만드는 데에 씀.

1 이 글의 사자는 작은 강아지인 토토도 무서워합니다. 나는 무엇을 무서워하는지 써 보세요.

2 「달려라 막시」에서 막시는 문 밖을 두려워합니다. 이 글의 도로시가 되어, 그런 막시에게 충고의 말을 해 보세요.

용감한 꼬마 재봉사

작은 시골 마을에 꼬마 재봉사가 살고 있었어요. 어느 날, 꼬마 재봉사는 아침 식사로 먹다 남긴 빵을 창틀에 올려놓았어요. 잠시 후, 빵에 발린 달콤한 잼 냄새를 맡고 파리들이 몰려왔어요. 화가 난 꼬마 재봉사는 바느질을 하고 있던 옷자락을 휘둘렀고, 일곱 마리의 파리들이 옷자락에 맞아 쓰러졌어요.

"내가 파리를 일곱 마리나 죽이다니, 난 정말 용감해! 이 사실을 널리 알려야겠어."

신이 난 꼬마 재봉사는 허리춤에 '한 번에 일곱'이라는 말을 새겨 놓고, 사람들에게 자랑을 하고 다녔어요. 어느 새 소문은 '재봉사가 한 번에 일곱 마리의 맹수를 잡았다.'는 것으로 부풀려져서 이웃 마을에까지 퍼졌어요. 소문을 들은 이웃 마을 사람들은 재봉사를 찾아갔어요.

"우리 마을에는 무서운 거인이 살고 있습니다. 제발 그 거인을 무찔러 주세요."

꼬마 재봉사는 무서운 거인을 찾아가 허리춤을 보여 주며 당당하게 말했어요.

"이걸 보면 내가 어떤 사람인지 알 수 있을 거야!"

거인은 자그마한 재봉사가 소문처럼 그렇게 힘이 세다는 것이 믿기지가 않았어요. 그래서 거인은 한 손에 돌을 쥐고는 돌에서 물이 나올 때까지 쥐어짜며 말했어요.

"네가 정말 힘이 세다면 너도 이렇게 해 봐."

'이를 어쩌지? 옳지, 아까 먹다가 남은 치즈 조각이 있었지!'

꼬마 재봉사는 돌을 줍는 척하면서 주머니 속에서 치즈를 꺼내, 물이 흘러 나올 때까지 쥐어짰어요. 치즈에서 물이 주르르 나오는 것을 본 거인은 그것이 치즈인 줄 모르고 깜짝 놀랐어요. 결국, 거인은 무서운 나머지 도망을 쳤고, 꼬마 재봉사는 영웅이 되었어요.

– 그림 형제, 「용감한 꼬마 재봉사」 –

*재봉사 : 양복 따위를 만드는 일을 직업으로 하는 사람.

1 이 글에서 꼬마 재봉사는 어떤 일을 통해 용기를 얻게 되었나요?

2 이 글의 꼬마 재봉사가 용감하게 거인을 무찌른 것과 비교할 수 있는 사건을 「달려라 막시」에서 찾아 말해 보세요.

 ## *인질을 풀어 준 소년

2006년 2월 22일 영국에서 일어난 은행 *강도 사건에서 인질로 잡힌 사람들을 구해 준 용감한 어린이가 있어, 영국 사회에서 큰 화제가 되었다. 그 주인공은 은행의 현금 보관 창고의 야간 경비 책임자인 콜린 딕슨 씨의 아들인 크레이그(당시 9세) 군이다.

도둑들은 은행 열쇠를 가진 딕슨 씨의 집으로 찾아가 자신들이 경찰인 것처럼 속여서 딕슨 씨와 그의 부인, 그리고 아들인 크레이그 군을 *납치하였다. 도둑들은 은행으로 가서 돈을 훔친 다음, 딕슨 씨의 가족을 *보안 업체의 직원 15명과 함께 은행의 철제 현금 보관함에 가두었다. 그리고 사람들의 손을 플라스틱 끈으로 묶어 달아나지 못하게 하였다. 다행히 어린 크레이그 군은 손이 묶이지 않았고, 몸집이 작아 철제 현금 보관함의 틈을 비집고 나올 수 있었다. 크레이그 군은 아버지의 말에 따라 철제 현금 보관함의 자물쇠를 열었고, 갇혀 있던 인질들을 풀어 주었다.  사람들이 철제 현금 보관함에 갇힌 지 90여 분 만의 일이었다.

함께 인질로 잡혔던 야간 경비원 앨룬 토머스 씨는 "범인들이 탄 차가 떠나는 소리를 들었지만 그렇다고 해서 우리의 안전이 보장된 것은 아니었다."며, "크레이그는 놀랄 만큼 침착했다."고 말했다.

* **인질** : 어떤 일을 자기에게 이익이 되게 하기 위하여 잡아 둔 사람.
* **강도** : 폭행이나 협박 따위의 수단으로 남의 재물을 빼앗는 도둑. 또는 그런 행위.
* **납치** : 강제 수단을 써서 억지로 데리고 감.
* **보안** : 안전을 유지함.

1 이 글의 크레이그 군이 한 행동에 대해서 나는 어떻게 생각하는지 써 보세요.

---

2 이 글의 크레이그 군은 이 사건 이후에 유명해졌다고 합니다. 「달려라 막시」에서 어머니의 핸드폰을 되찾아 온 후, 막시의 생활이 어떻게 변할지 상상하여 말해 보세요.

생각 또박또박 — 통합 교과 논술

🦋 다음 글 (가)와 (나)를 읽고, 내가 두려워하는 것을 떠올려 보고 그것을 극복하기 위해서 내가 할 수 있는 일이 무엇인지 써 봅시다.

(가) 이제 그들은 마지막 계단을 내려서는 중이었다.

"거기서 꼼짝 마! 한 걸음도 움직이지 마!"

그러나 나는 의심을 풀지 않고 명령했다.

"왜 그래? 핸드폰을 돌려 주겠다는데 내가 뭘 잘못했어?"

큰 아이는 얼굴에 웃음을 띠우며 말했다.

"핸드폰을 땅에 놓고 뒤로 물러서!"

나는 어느 영화에서 본 장면을 그대로 흉내냈다.(중략)

핸드폰을 내려놓은 두 아이는 계단 마지막 층계 한쪽으로 물러섰다. 놀라운 일이었다. 모든 일이 영화에서처럼 전개되고 있었다. 나쁜 놈들이 보물을 땅에 내려놓으면 영웅이 그것을 가지고 갈 수 있도록 뒤로 물러서는 것 말이다.

나는 두 아이들에게서 눈을 떼지 않고 오른손 주먹을 쥔 채로 왼손으로 핸드폰을 잡았다. 만약을 위해서. 그들은 조금도 무서워하지 않는 내 모습을 보고 놀란 것 같았다. 사실 속으로는 내가 얼마나 무서워하는지도 모르고……. 다시 말해서, 나는 영웅들처럼 두려운 마음을 아주 잘 감추었다.

내 생각에 영웅들도 겁이 참 많을 것 같다. 아마 누구도 전혀 무서워하지 않고 거대한 낙지와 싸우거나 달리는 기차에서 뛰어내리지는 못할 것이다.

— 산티아고 가르시아 클라락, 「달려아 막시」에서 —

(나) 2006년 2월 22일 영국에서 일어난 은행 강도 사건에서 인질로 잡힌 사람들을 구해 준 용감한 어린이가 있어, 영국 사회에서 큰 화제가 되었다. 그 주인공은 은행의 현금 보관 창고의 야간 경비 책임자인 콜린 딕슨 씨의 아들인 크레이그(당시 9세) 군이다.

도둑들은 은행 열쇠를 가진 딕슨 씨의 집으로 찾아가 자신들이 경찰인 것처럼 속여서 딕슨 씨와 그의 부인, 그리고 아들인 크레이그 군을 납치하였다. 도둑들은 은행으로 가서 돈을 훔친 다음, 딕슨 씨의 가족을 보안 업체의 직원 15명과 함께 은행의 철제 현금 보관함에 가두었다. 그리고 사람들의 손을 플라스틱 끈으로 묶어 달아나지 못하게 하였다. 다행히 어린 크레이그 군은 손이 묶이지 않았고, 몸집이 작아 철제 현금 보관함의 틈을 비집고 나올 수 있었다. 크레이그 군은 아버지의 말에 따라 철제 현금 보관함의 자물쇠를 열었고, 갇혀 있던 인질들을 풀어 주었다. 사람들이 철제 현금 보관함에 갇힌 지 90여 분 만의 일이었다.

함께 인질로 잡혔던 야간 경비원 앨룬 토머스 씨는 "범인들이 탄 차가 떠나는 소리를 들었지만 그렇다고 해서 우리의 안전이 보장된 것은 아니었다."며, "크레이그는 놀랄 만큼 침착했다."고 말했다.

주의 사항

1. 글 (가)와 (나)의 인물을 통해 배울 수 있는 점이 무엇인지 밝히세요.
2. 내가 두려워하는 것이 무엇인지 쓰세요.
3. 내가 두려워하는 것을 극복할 수 있는 방법을 두 가지 이상 쓰세요.
4. 처음, 가운데, 끝이 드러나게 800자 내외로 쓰세요. (띄어쓰기도 포함.)

 ## 문제를 해결해 봐요

1 글 (가)에서 '나'의 행동을 통해 배울 점은 무엇인가요?

2 글 (나)에서 크레이그 군의 행동을 통해 배울 점은 무엇인가요?

3 내가 두려워하는 것은 무엇인가요?

4 내가 두려워하는 것을 극복할 수 있는 방법을 두 가지 이상 쓰세요.

5 위의 내용을 정리하여 개요표에 써 보세요.

 **글을 써 봐요**

● 학년/이름 _____

작성한 개요를 바탕으로 아래의 원고지에 글을 써 봅시다.

100

200

300

400

평가표

구 분		내 용	참 잘했어요	잘했어요	노력하세요
내용 (이해력)		1. 글 (가)와 (나)의 인물들을 통해 배울 점이 무엇인지 썼나요?	둘 다 썼다	하나만 썼다	둘 다 안 썼다
		2. 내가 두려워 하는 것이 무엇인지 썼나요?	썼다		안 썼다
		3. 내가 두려워하는 것을 극복할 방법을 썼나요?	썼다		안 썼다
구성 (논리력)	표현	'처음-가운데-끝'의 세 부분으로 나누어 썼나요?	세 부분	두 부분	한 부분
	내용	1. 처음, 가운데, 끝 부분이 자연스럽게 이어지는 내용으로 구성하였나요?	구성했다		안 했다
		2. 말하려고 하는 것을 앞뒤가 맞게 잘 설명하였나요?	모든 내용이 앞뒤가 맞다	앞뒤가 맞지 않는 내용이 있다	모든 내용이 앞뒤가 맞지 않는다
표현 (표현력)		1. 맞춤법에 어긋난 글자는 없나요?	0개	1~5개	6개 이상
		2. 틀리게 쓴 낱말은 없나요?	0개	1~5개	6개 이상
		3. 글자 수에 맞게 썼나요?	720~880자		그 외
나만의 생각 (창의력)		내가 두려워하는 것을 극복하기 위해 무엇을 해야 하는지 구체적으로 썼나요?	썼다		안 썼다
평가					

더 나은 논술을 위해 여러분이 쓴 내용을 점검해 봅시다. 여러분 스스로 얼마나 잘 썼는지 평가해 보고, 친구들과 부모님, 선생님께 여러분이 쓴 글을 보여 주세요.

마당 3 끝!
부모님 확인	선생님 확인

만화로 보는 고사성어

각주구검
刻 舟 求 劍

- 새길 각, 배 주, 구할 구, 칼 검
- 각주구검이란, 현실에 맞지 않는 낡은 생각을 고집하는 어리석음을 이르는 말입니다.

마당 4 「달려라 막시」를 읽고

과학 탐구 활동

생각 활짝 엘리베이터의 역사
생각 주렁주렁 도르래의 원리와 종류
생각 또박또박 통합 교과 서술 문제
논리야 논리야 구름을 타고 다니는 도사?
귀에 쏙쏙 생각 쑥쑥 듣기 평가
꼬리에 꼬리를 무는 책

도르래

학습 주제
- '도르래'의 원리와 종류에 대해 안다.
- 「달려라 막시」의 내용을 '도르래'와 연관시켜서 제시한 통합 교과 서술 문제를 푼다.

엘리베이터의 역사

🦋 사람들은 언제부터 엘리베이터를 이용했을지 함께 알아봅시다.

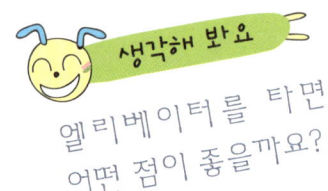

엘리베이터를 타면 어떤 점이 좋을까요?

　엘리베이터를 최초로 생각한 사람은 2,000여 년 전, 고대 그리스의 '*아르키메데스'라고 합니다. 그는 도르래를 이용하여 물건을 높이 들어올릴 수 있는 장치를 생각했습니다. 그리고 200여 년 전에는 프랑스의 '*나폴레옹'이 여왕을 위한 '엘리베이터 의자'를 만들었습니다. 의자에 밧줄을 매달고 위·아래로 움직여서, 여왕은 의자에 앉아 편하게 위층과 아래층을 오르내릴 수 있었습니다. 그런데 이 때까지만해도 엘리베이터는 왕족이나 귀족만이 이용할 수 있었고, 엘리베이터를 움직이는 것은 사람의 힘이었습니다.

　엘리베이터가 실용화된 것은 100여 년 전의 일입니다. 현재는 전기력을 이용하여 엘리베이터를 작동시키지만, 처음에는 물의 힘을 이용하여 엘리베이터를 작동시켰다고 합니다. 그러다가 1880년 '*지멘스 사'가 독일의 만하임에서 열린 *박람회에 전기력을 이용한 엘리베이터를 내놓으면서 오늘날과 같은 엘리베이터를 널리 이용하게 된 것입니다.

　또한, 우리 나라 최초의 엘리베이터는 1940년대 서울 종로에 있었던 '화신 백화점'에 설치된 엘리베이터랍니다.

* **아르키메데스(기원전 287~기원전 212년)** : 고대 그리스의 과학자·수학자. 목욕을 하다가, 물 속에서는 자기 몸의 부피만큼 무게가 가벼워진다는 '아르키메데스의 원리'를 발견하여, 금관에 은이 섞였다는 것을 알아낸 일화로 유명함.
* **나폴레옹(1769~1821년)** : 군인 출신의 프랑스 황제. '내 사전에 불가능이란 없다.'는 유명한 말을 남김.
* **지멘스 사** : 1847년에 베르너 지멘스(1816~1892년)와 그의 사촌들이 만든 전기 설비 건설 회사. 세계 최초로 전기력을 이용한 엘리베이터를 만들었음.
* **박람회** : 생산물의 개량·발전 및 산업의 진흥을 꾀하기 위하여 농업, 상업, 공업 따위에 관한 온갖 물품을 모아 벌여 놓고 판매, 선전, 우열 심사를 하는 전람회.

도르래의 원리와 종류

1. 도르래란 무엇일까요?

도르래란, 바퀴에 홈을 파고 줄(벨트, 체인 등)을 건 다음 그 줄을 당겨서 물건을 움직이는 장치를 말합니다. 도르래를 이용하면, 물건을 들어올리는 힘의 방향이 바뀌거나 힘의 크기가 줄어들어 더욱 쉽게 일을 할 수가 있답니다.

2. 도르래의 종류를 알아봐요

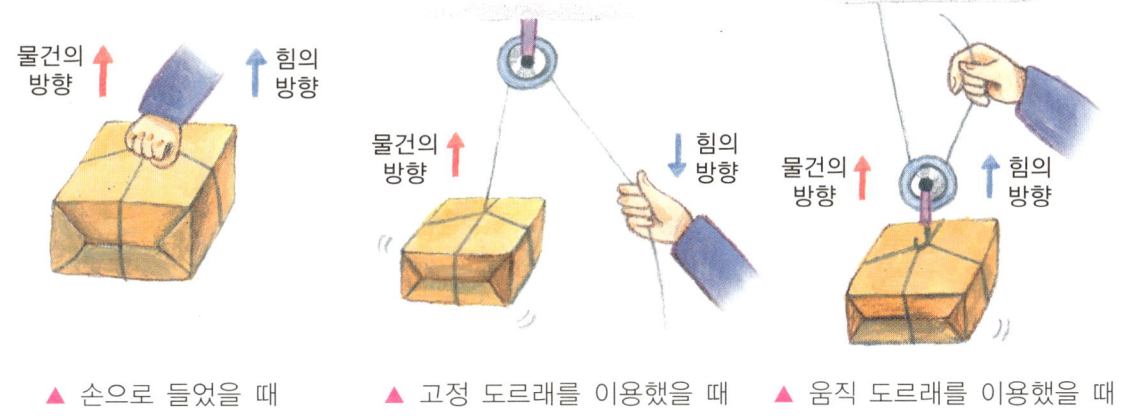

▲ 손으로 들었을 때   ▲ 고정 도르래를 이용했을 때   ▲ 움직 도르래를 이용했을 때

❶ **고정 도르래** 고정 도르래는 바퀴가 천장에 고정되어 있고, 그 바퀴에 줄이 걸쳐진 모습을 하고 있습니다. 바퀴에 걸린 줄의 한 쪽에는 물건을 매달고, 남은 한 쪽 줄을 아래로 당겨서 물건을 들어올리는 것입니다. 고정 도르래를 이용하면, 물건을 직접 손으로 들어올릴 때와 비교했을 때에 힘의 방향만 바뀌고 힘의 크기에는 변화가 없습니다.

엘리베이터는 고정 도르래의 원리를 이용하여, 사람이나 무거운 물체를 위·아래로 운반하기 위해 만들어진 장치입니다. 엘리베이터가 움직이는 통로의 꼭대기에는 바퀴가 고정되어 있고, 그 바퀴에는 두꺼운 쇠줄이 걸려 있습니다. 그 쇠줄의 한쪽 끝에 엘리베이터가 연결되어 있고, 다른 한 쪽 끝에는 엘리베이터와 비슷한 무게의 평행추(엘리베이터의 무게와 평행을 맞추는 추)가 달려 있습니다. 엘리베이터가 올라가면 평행추가 내려가고, 엘리베이터가 내려가면 평행추가 올라가서 무게의 균형을 맞춥니다.

❷ **움직 도르래** 움직 도르래는 고정 도르래와는 달리, 움직이는 바퀴를 사용하는 도르래입니다. 움직 도르래는 줄의 한 쪽이 천장에 고정되어 있고, 줄 가운데에 바퀴가 놓여 있는 모습을 하고 있습니다. 바퀴에 물건을 매달고 고정되지 않은 쪽의 줄을 위로 당겨서 물건을 들어 올리는 것입니다. 움직 도르래를 이용하면, 힘의 방향은 변하지 않지만 힘의 크기는 반으로 줄어듭니다. 따라서 무거운 물건을 들어올릴 때에는 움직 도르래를 사용하는 것이 더 효율적입니다.

마당 4 과학 탐구 활동

3. 우리 주변에는 도르래를 이용한 물건들이 많아요

▲ 블라인드 
▲ 엘리베이터
▲ 운동 기구
▲ 리프트 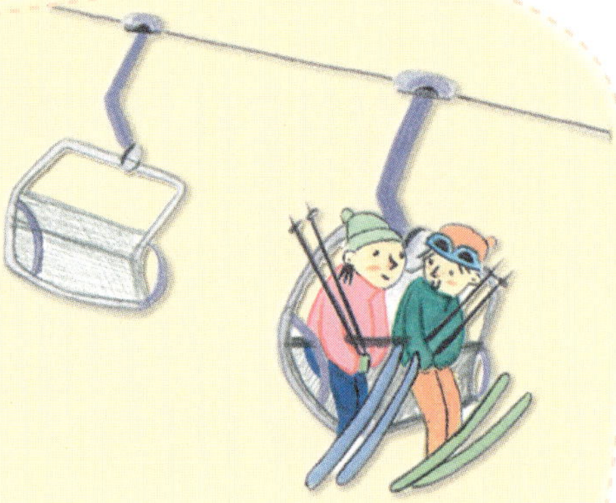
▲ 그물을 끌어올리는 기구
▲ 견인차 
▲ 국기 게양대 
▲ 에스컬레이터 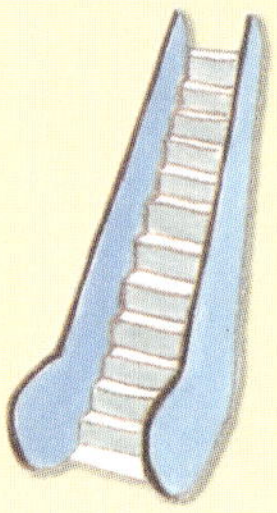
▲ 기중기 

* 우리 조상들도 도르래를 사용했어요

조선 시대에 살았던 '정약용(1762~1836년)'은 도르래의 원리를 이용하여 '거중기'라는 장치를 만들었습니다. 거중기는 작은 힘으로 무거운 물건을 들어 올릴 수 있었기 때문에, 10년이 걸릴 것이라고 예상하였던 '수원 화성'의 공사 기간을 단 2년으로 줄일 수 있었다고 합니다.

▲ '거중기'를 이용하여 쌓은 '수원 화성'

실험 도르래를 이용하여 추를 들어 봐요

준비물
고정 도르래, 움직 도르래, 용수철, 100g짜리 추, 자

실험 방법

① 100g짜리 추를 매단 용수철을 손으로 들고, 용수철의 늘어난 길이를 잰다.
② 고정 도르래의 한 쪽 줄에는 100g짜리 추를 매달고, 다른 쪽 줄에는 용수철을 매단다.
③ 용수철을 아래로 당겨 추를 들어 올리고 용수철의 늘어난 길이를 잰다.
④ 움직 도르래의 바퀴에 100g짜리 추를 매달고, 줄에 용수철을 매단다.
⑤ 용수철을 위로 당겨 추를 들어 올리고 용수철의 늘어난 길이를 잰다.

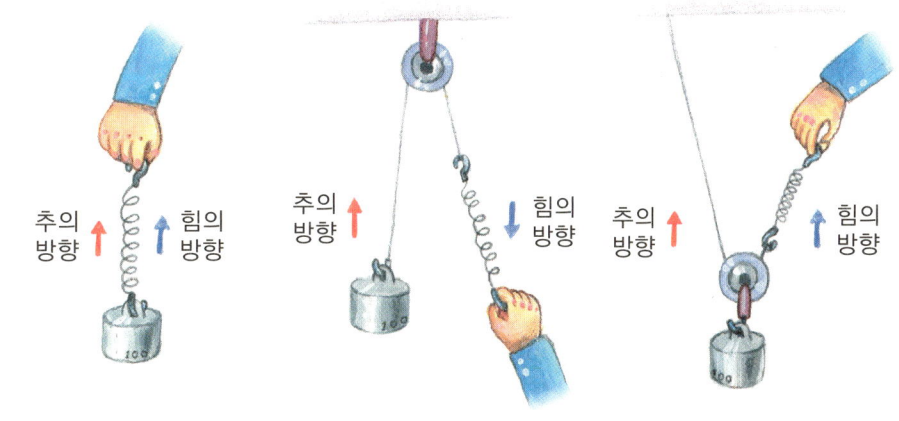

결과 및 원리 설명

결과 \ 방법	손으로 들 때	고정 도르래로 들 때	움직 도르래로 들 때
힘의 방향	아래 → 위	위 → 아래	아래 → 위
용수철의 늘어난 길이	6cm	6cm	3cm

▲ 실험 결과 표

100g짜리 추를 손으로 들어올리면 힘의 방향은 아래에서 위쪽 방향이고, 추의 무게만큼의 힘이 듭니다. 그런데 '고정 도르래'를 이용하면, 추를 손으로 들어올릴 때와 비교했을 때에 힘의 방향만 바뀌고 힘의 크기에는 변화가 없습니다. 그러나 '움직 도르래'를 이용하면, 추를 손으로 들어올릴 때와 비교했을 때에 힘의 방향은 그대로이지만 힘의 크기는 반으로 줄어듭니다.

🦋 다음 글 (가)와 그림 (나)를 보고, 물음에 답해 봅시다.

(가) 우리는 문가에서 큰 소리로 인사했다.

"다녀올게요, 엄마!"

"안녕히 계세요, 아줌마!"

엄마가 미처 인사를 하기도 전에 릴리가 문을 재빨리 닫았다. 우리는 손을 잡고 계단을 향해 뛰어갔다.

"우리, ㉠엘리베이터 타고 갈까?

복도로 나와서 릴리가 물었다.

"계단으로 내려가는 것이 더 나아, 더 빨라……."

그러나 이미 늦었다. 릴리가 벌써 엘리베이터 버튼을 눌러서 엘리베이터가 바로 우리 앞에 서 있었다. 집에서 나온 지 몇 초도 지나지 않아 벌써 일이 꼬이기 시작한 것이었다.(중략)

엘리베이터 문이 열렸다. 릴리가 이미 엘리베이터 안으로 발을 들여놓고 있었으므로 나도 따라서 들어갈 수밖에 없었다.

— 산티아고 가르시아 클래락, 「달려라 막시」에서 —

(나)

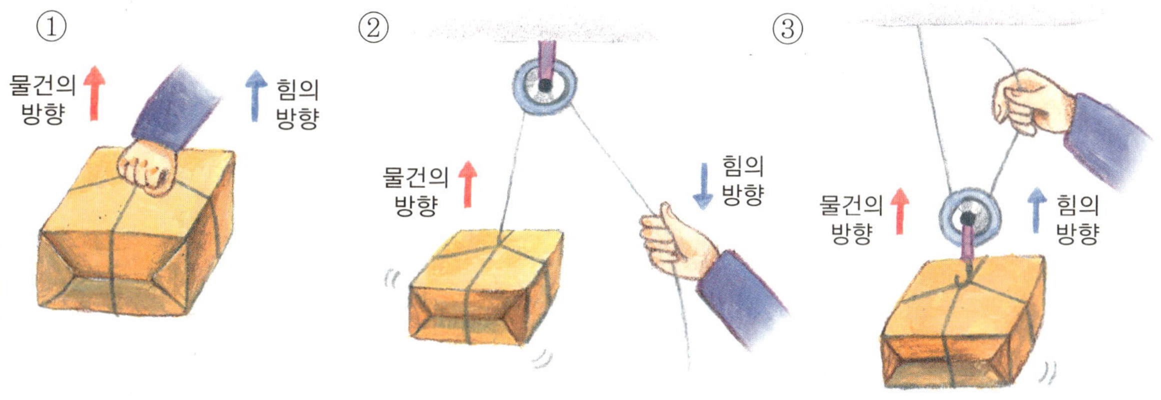

① 물건의 방향 ↑ 힘의 방향 ↑

② 물건의 방향 ↑   힘의 방향 ↓

③ 물건의 방향 ↑ 힘의 방향 ↑

1 글 (가)의 밑줄 친 ㉠은 어떤 도르래를 이용한 것인지 그림 (나)에서 찾아 그 번호를 쓰고, 도르래의 종류도 쓰세요.

_____

2 우리 주변에서 도르래를 이용한 물건을 찾아 세 가지 이상 쓰세요.

_____

3 무거운 물건을 들어올릴 때에는 어떤 도르래를 이용하는 것이 더 효율적일지 그림 (나)에서 찾아 그 번호를 쓰고, 도르래의 종류도 쓰세요.

_____

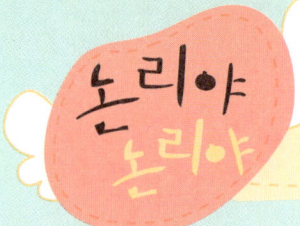

구름을 타고 다니는 도사?

마당 4 과학 탐구 활동

팔봉이는 한양에 가 봤을까?

앞의 만화에서, 시골에 사는 칠득이는 한양에 한 번 다녀온 후 친구들에게 자랑을 합니다. 그런 칠득이가 못마땅한 팔봉이는 자기도 한양에 가 본 적이 있다고 말합니다. 그러자 칠득이는 다음과 같이 생각합니다.

- 팔봉이는 한양에 열 번도 넘게 가 보았다고 말했다.
- 팔봉이가 한양에 간 적이 있다는 것은 거짓말이다.
- 그러나 팔봉이가 한양에 간 적이 없다는 것을 증명할 수가 없다.

팔봉이는 정말 한양에 가 봤을까요? 물론 팔봉이는 한양에 가 본 적이 없습니다. 팔봉이의 말을 살펴보면 이유가 타당하지 않다는 생각이 듭니다. 그런데도 칠득이는 아무런 말도 할 수가 없었습니다. 팔봉이가 어떤 오류를 저지르고 있는지 자세히 살펴봅시다.

'무지의 오류'란 무엇일까요?

앞의 만화에서, 팔봉이는 '나는 한양에 가 본 적이 있다.'는 주장을 합니다. 그리고 '내가 한양에 가 본 적이 없다는 것을 증명할 사람은 없다.'는 이유를 들고 있습니다. 이렇듯 어떤 것이 거짓이라고 증명되지 않았기 때문에 사실이라고 주장하거나, 어떤 것이 사실이라고 증명되지 않았기 때문에 거짓이라고 주장하는 것을 '무지의 오류'라고 합니다.

또한, 상대방이 알지 못하는 것을 이용하여 자신의 의견이 정당하다고 주장하는 것도 '무지의 오류'가 됩니다. 예를 들어, 한 수학자가 어린이들에게 어려운 수학 이론을 설명한다면, 어린이들은 그 수학 공식이 맞는지 틀리는지 알 수가 없습니다. 왜냐 하면, 전혀 모르는 것을 가지고 옳고 그름을 판단할 수는 없기 때문입니다. 이처럼 다른 사람이 모르는 것을 이유로 들어서 자신의 주장을 뒷받침하는 것을 '무지의 오류'라고 합니다.

1 앞의 만화에서, 팔봉이는 '무지의 오류'를 한 번 더 저지르고 말았습니다. 제시된 팔봉이의 주장을 보고, 그것이 '무지의 오류'인 이유를 써 보세요.

  • 팔봉이의 주장 : 한양에는 구름을 타고 다니는 도사가 있다.

  • '무지의 오류'인 이유 : _____

2 다음이 '무지의 오류'인 이유를 써 보세요.

(1) 외계인은 있어. 너, 외계인이 없다는 것을 증명할 수 있어? 그러니까 외계인은 분명히 있어.

_____

(2) 아무도 신이 존재하지 않는다는 것을 증명한 일이 없다. 따라서 신은 존재한다.

_____

3 다음 글을 읽고, 선묵이의 주장이 '무지의 오류'가 되도록 마지막 말을 완성해 보세요.

> 선묵이와 지현이는 어두운 밤길을 걷고 있었습니다.
> "선묵아, 나 무서워."
> "지현아, 걱정하지 마. 내가 있잖아."
> 그 때 갑자기 검은 물체가 두 사람 앞으로 지나갔습니다.
> "선묵아, 방금 귀신이었지?"
> "세상에 귀신이 어디 있어. 지현이는 겁쟁이래요."
> "난 분명히 봤단 말이야."
> "아냐, 귀신은 없어. 왜냐 하면, _____
> _____."

귀에 쏙쏙 생각 쑥쑥

듣기 평가

🌞 「달려라 막시」를 읽고, 전체 내용을 얼마나 잘 알고 있는지 '듣기 문제'로 확인해 봅시다. 지금부터 선생님께서 들려 주는 이야기를 듣고, 문제를 풀어 봅시다.

[01 ~ 03]

01 들려 준 이야기로 보아, 막시는 어른이 되면 무엇이 되고 싶어하나요? ·········· (   )

① 박사　　　　② 부자　　　　③ 모험가
④ 발명가　　　⑤ 소설가

02 들려 준 이야기에서 막시가 책을 많이 읽었다고 말하지 <u>않은</u> 사람은 누구인가요?
·· (   )

① 아문센　　　② 에디슨　　　③ 리빙스턴
④ 슈베르트　　⑤ 테레사 수녀

03 들려 준 이야기에서 막시가 생각하는 독서의 좋은 점을 모두 고르세요. (   )

① 생각의 폭을 넓혀 준다.
② 나를 돌아보는 시간을 갖게 해 준다.
③ 어디를 탐험해야 하는지 알 수 있게 해 준다.
④ 어떻게 발명품을 만들어야 하는지 알 수 있게 해 준다.
⑤ 어느 나라 사람을 도와 주어야 하는지 알 수 있게 해 준다.

[04 ~ 06]

04 들려 준 이야기에서 릴리의 외투 속에 들어 있던 것은 무엇인가요? ·········· (   )

① 막시의 돈　　　　② 막시의 책　　　　③ 릴리의 사탕
④ 릴리의 계산기　　⑤ 막시 어머니의 핸드폰

05 들려 준 이야기에서 후안이 릴리의 외투를 가져간 이유는 무엇인지 써 보세요.

_____

06 들려 준 이야기의 앞에 일어났던 사건을 순서에 맞게 배열해 보세요.

> ㉠ 막시는 '외발 아저씨'와 '해적'을 만났다.
> ㉡ 막시는 몬테로 형제에게서 핸드폰을 돌려받았다.
> ㉢ 몬테로 형제는 릴리의 외투를 들고 서점에서 도망쳤다.
> ㉣ 막시는 몬테로 형제를 쫓아 '신비의 시장' 안으로 들어갔다.

(   ) → (   ) → (   ) → (   )

[07 ~ 09]

07 다음 중 필독서의 전체 내용과 맞지 <u>않은</u> 것은 어느 것인가요? ………(   )

① 릴리는 막시보다 나이가 많다.
② 몬테로 형제는 상어 떼의 친구가 되었다.
③ 릴리는 막시와 가장 친한 여자 친구이다.
④ 막시는 릴리의 외투를 추위에 떨고 있는 여자아이에게 주었다.
⑤ 훌리아 아줌마의 서점에서 막시는 몬테로 형제가 물건을 훔치는 것을 목격했다.

08 지금까지 내가 가장 용기 있게 행동한 일을 한 가지 써 보세요.

_____

_____

_____

09 필독서의 제목인 「달려라 막시」를 중심 내용이 잘 드러나게 다른 제목으로 바꿔 보세요.

_____

꼬리에 꼬리를 무는 책

■ 용기 · 도르래

겁쟁이

이 책의 배경이 되는 마을에는 유난히 뱀이 많습니다. 그래서 이 마을에 사는 아이들은 뱀을 잡아서 못살게 구는 놀이를 즐겼습니다. 그러던 어느 날, 이 마을에 '수민'이라는 아이가 이사를 옵니다. 수민이는 다리를 저는데다가 몸도 약하고, 무엇보다 뱀을 무서워하기 때문에 친구를 사귀기가 어렵습니다. 그러나 수민이에게는 특별한 재능이 있습니다. 우연히 꽃뱀 한 마리를 만난 수민이는 뱀과 친구가 됩니다. 수민이는 꽃뱀과 이야기하고, 자고, 놀고, 심지어는 보리피리 연주에 맞추어 꽃뱀을 춤추게 할 수도 있습니다. 수민이가 꽃뱀과 나누는 우정은 잔잔한 감동을 줍니다.

이상권 지음 / 유진희 그림 / 시공주니어 펴냄

나는 용감한 메테보리

이 책은 평범한 초등 학교 4학년 어린이의 이야기를 담은 책입니다. 4학년이 된 '메테보리'는 담임 선생님과 사이가 좋지 않게 되고, 학교 생활에도 흥미를 잃게 됩니다. 그러던 어느 날, 선생님께서 메테보리가 파는 크리스마스 신문을 사 준 일을 계기로, 메테보리는 선생님과 화해를 하고 학교 생활도 전처럼 즐거워집니다. 메테보리가 어려움과 갈등을 극복해 나가는 과정을 통해 어느 새 용감해진 메테보리를 발견할 수 있습니다.

로세 라게르크란츠 지음 / 에바 에릭손 그림 / 아이세움 펴냄

원리를 찾아라(도구와 기계의 원리)

어떻게 냉장고 안은 항상 차가울까요? 어떻게 전화기는 목소리를 전할까요? 어떻게 텔레비전은 영상을 보여 줄까요? 이 책에는 평소에 우리가 궁금하게 생각했던 냉장고와 전화기, 텔레비전 등 생활 속 도구와 기계들의 원리가 알기 쉽고 재미있게 소개되어 있습니다. 여기에 실린 이야기들을 하나하나 읽다 보면 자신도 모르는 사이에 놀랍고 신비한 과학의 세계에 한 걸음 더 가까이 다가갈 수 있게 될 것입니다.

자운영 지음 / 이범기 그림 / 동쪽나라 펴냄

마당 5 「작은 아씨들」을 읽고

독서 활동

생각 활짝 미국의 크리스마스 풍경 속으로 들어가 봐요
생각 주렁주렁 로리와 할아버지의 갈등
　　　　　　　　메그의 결혼 이야기
생각 또박또박 NIE 활동

학습 주제
- 「작은 아씨들」을 읽고, 내용을 파악하여 문제를 해결한다.
- 'NIE 활동'을 통해 내 생각을 표현한다.

생각 활짝 — 미국의 크리스마스 풍경 속으로 들어가 봐요

크리스마스(Christmas)
12월 25일, 크리스마스는 예수의 탄생을 기념하는 날이에요. 크리스마스는 '그리스도(Christ)'와 '미사(Mass)'를 합친 말이에요. 즉, '그리스도를 위한 제사'라는 뜻이지요.

할리우드 크리스마스 행진
매년 12월에 펼쳐지는 이 행진에는 유명 연예인, 만화 캐릭터, 마술사, 산타클로스 등이 참여해요. 그리고 각 학교의 행진 악대, 이동식 무대 차 등 다양한 볼거리도 있어요. 그래서 수많은 사람들이 길거리에 나와 행진을 보며 함께 크리스마스를 즐기지요.

크리스마스 트리
크리스마스가 다가오면 집 안에 자그마한 나무를 놓고 예쁘게 장식을 해요. 구슬, 별, 전구, 색종이 등으로 장식한 나무를 '크리스마스 트리'라고 하지요.

크리스마스 카드
크리스마스 카드를 주고 받으며 서로의 마음을 전해요. 크리스마스 카드가 처음 시작된 곳은 영국이지만, 1860년대에 미국에 전해지면서 전세계에 널리 알려지게 되었다고 해요.

크리스마스 캐럴
크리스마스 이브(12월 24일)에는 교회의 성가대원들이 집집마다 방문하여 캐럴을 불러 주어요. '캐럴'이란 크리스마스에 부르는 '예수 탄생 축하곡'이에요. 여러분은 어떤 캐럴을 알고 있나요?

크리스마스 선물
여러분도 크리스마스 때 산타클로스의 선물을 기다려 본 적이 있나요?

크리스마스 음식
미국에서는 크리스마스 때 칠면조 요리를 즐겨 먹어요. 그리고 후식으로 케이크를 먹지요. 정말 맛있겠지요?

가족과 함께 하는 시간
미국 사람들은 12월 25일부터 1월 1일까지 휴가를 즐기는 경우가 많아요. 이 때 멀리 떨어져 있던 가족과 친척들이 한 자리에 모여서 선물을 주고받고 이런저런 이야기를 나누어요.

로리와 할아버지의 갈등

- **로리** : 마치 씨 집의 옆집에 사는 소년. 부모님이 일찍 돌아가시고 할아버지와 함께 살고 있음.
- **조** : 마치 씨의 둘째 딸로, 활발하고 적극적인 성격임. 마치 씨에게는 네 명의 딸들이 있는데, 첫째는 메그, 둘째는 조, 셋째는 베스, 막내는 에이미임.
- **완고하다** : 융통성이 없이 올곧고 고집이 세다.
- **재질** : 재주와 기질(성격).

여러분은 부모님의 어떤 재질을 닮았다고 생각하나요?

"어머니, 왜 할아버진 제가 로리의 피아노 솜씨를 칭찬했을 때 화를 내셨을까요?"

조는 문득 생각나 물었다.

"글쎄……. 나도 잘 모르지만, 할아버지의 아드님, 즉 로리의 아버지가 음악가인 이탈리아 부인과 결혼하셨기 때문인지도 모르지. 그 부인은 참 좋은 분이고 또 피아노를 훌륭하게 치셨다지만, 완고한 할아버지는 마음에 들어하지 않으셨대. 그래서 두 분이 결혼하신 후로는 한 번도 만나지 않으셨다더라. 그런데 그 두 분이 다 로리가 갓난아기 때 돌아가셨기 때문에, 그 때부터 할아버지가 로리를 길러 오셨다는구나. ==로리는 아마도 어머니의 재질을 닮아서, 특별히 음악에 재주가 있는 모양이지.== 그것이 할아버지는 또 걱정이 되시는 모양인데……. 그러니까 할아버지께서는 로리가 음악가가 되어서는 절대로 안 된다고 생각하고 계시는 것 같아. 그런데 네가 로리의 피아노 연주를 칭찬했으니 기분이 나쁘실 수밖에. 더욱이 로리는 몸이 약하니까 걱정이 크실 거야."

"어머나! 무슨 책에 나오는 멋있는 이야기 같아요."

메그가 큰소리로 말했다.

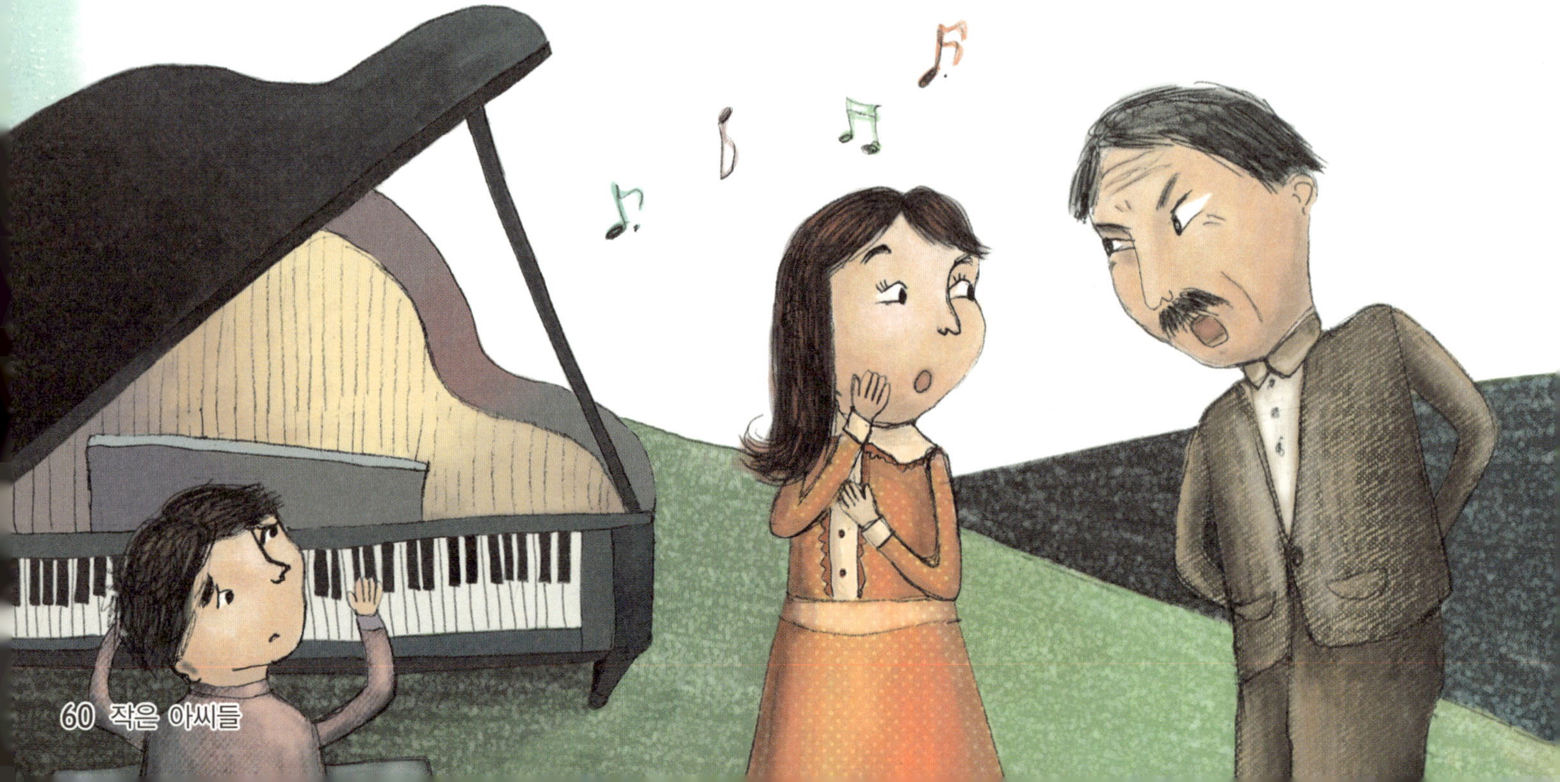

"아이참, 할아버진 고집도 세셔. 음악가가 되고 싶어하면 그대로 하라면 되잖아……."

조는 화를 냈다. 어머니는 화를 잘 내는 조를 달래면서, 이제부터는 모두가 로리에게 친절하게 대해 주라고 말했다.(중략)

로리가 힘차게 부르짖었다.

"나는 정성껏 할아버지를 기쁘게 해 드려야 해. 그렇게 하려고 노력은 하는데 참 어려워. 할아버지께서는 젊으셨을 때 인도 *무역상이었기 때문에, 나도 상인이 되기를 원하고 계시지만, 난 상인이 되고 싶지 않아. 인도 무역상이 될 바에는 차라리 맞아 죽는 것이 나아. 나는 할아버지의 헌 배가 싣고 오는 차나, 명주 옷감 같은 것에는 조금도 흥미가 없어. 배가 내 것이 되면, 난 배가 물 속에 가라앉아 버리거나, *행방 불명이 되어도 조금도 상관하지 않을 거야. 그러나 할아버지를 만족시키기 위해서 대학에만은 가겠어. 나는 할아버지를 위해서 사 년씩이나 헛되게 지내는 것이니까, 할아버지께서도 나를 인도 무역상으로 만들려는 생각은 버리셔야 할 거야. 하지만 할아버지는 한 번 결심한 일이면 어떤 일이거나 해내고야 마는 성격이시거든. 그러니까 나도 아버지처럼 집을 뛰쳐나가, 내가 원하는 대로 하지 않는 이상, 결국 할아버지의 뒤를 이어 나갈 수밖에 없을 거야. 누구라도 나 대신으로 할아버지와 지내 줄 사람만 있다면, 내일이라도 집에서 뛰쳐나가 버릴 텐데……."

로리는 무서운 일을 저지르고 말 것처럼 보였다.

* **무역상** : 나라와 나라 사이에 서로 물건을 사고 파는 상인.
* **행방 불명** : 간 곳이나 방향을 모름.

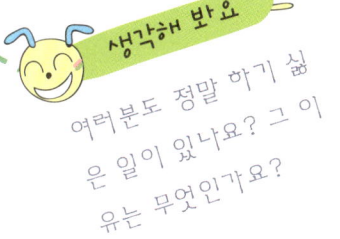

생각해 보요

여러분도 정말 하기 싫은 일이 있나요? 그 이유는 무엇인가요?

1 문제를 **발견**하자
로렌스 할아버지는 로리가 무엇이 되면 안 된다고 생각하시나요?

2 문제를 **전개**하자-하나
로렌스 할아버지는 로리가 무엇이 되기를 원하시나요?

3 문제를 **전개**하자-둘
로리는 인도 무역상이 될 바에는 어떻게 되는 것이 낫다고 말했나요?

4 결과를 **파악**하자
로리는 자기 대신 할아버지와 지내 줄 사람만 있다면 어떻게 하고 싶다고 말했나요?

5 내 답안을 **요약**하자
완고한 성격의 로렌스 할아버지는 로리가 _____
_____
_____

내가 만약 로리라면, 상인이 되길 바라시는 할아버지의 마음을 돌리기 위해 어떤 말을 하고 싶은지 말해 봅시다. 그리고 다른 친구의 말도 잘 들은 후 써 봅시다.

내 생각 | 친구 생각

메그의 결혼 이야기

* **브루크** : 로리의 가정 교사. 메그를 사랑함.
* **타이르다** : 잘 깨닫도록 일의 이치를 밝혀 말해 주다.
* **마치 아주머니** : 마치 씨의 친척. 돈이 많지만 자식이 없으며, 몸이 불편함.

메그가 화를 낸 이유는 무엇일까요?

"그래, 너는 그 *브루크인지 쿡크인지 하는 사람하고 결혼할 작정이냐? 숨기지 말고 말해 봐라. 만일 그런 짓을 한다면, 나는 내 재산을 단 한 푼도 나누어 주지 않을 테니 그런 줄 알아라."
하고 명령하듯이 말했다.
<mark>메그는 드디어 화를 내고 말았다.</mark>
"저는 제가 좋아하는 사람하고 제 마음대로 결혼할 작정이에요. 그러니까 아주머니의 재산은 아주머니께서 마음에 드는 사람에게 주세요."
"기가 막혀라. 그래, 그게 친절하게 *타일러 준 나에게 하는 말이냐? 메그, 이제 너는 후회할 것이다. 아무리 애정이 있다고 하더라도 가난하게 살면 결국 불행하게 될 테니 두고 봐라."
*마치 아주머니는 분해서 못 견디겠다는 듯이 말했다.
"아무리 가난하게 살아도 서로 사랑만 있다면, 사랑 없이 사는 돈 많은 사람보다 훨씬 행복할 거예요."
마치 아주머니는 메그가 말대답하는 것을 처음 보았기 때문에, 너무나 깜짝 놀라 뚫어지도록 메그를 쏘아 보았다. (중략)

"저는 반평생을 기다려도 이것보다 더 좋은 결혼을 할 수 있으리라고는 생각 못해요. *존은 사람이 좋고 똑똑해서 온갖 일을 다 할 수 있을 뿐만 아니라, 아주 부지런해요. 그러니까 반드시 성공하리라고 생각해요. 게다가 또 용기가 있고, 의지가 굳어요. 그래서 그 사람을 아는 사람은 누구나 그 분을 존경하고 사랑하게 되는 거예요. 저는 그 분이 저같이 가난하고 어리고, 게다가 생각이 부족한 사람을 사랑해 주어서 무척 고맙고 기쁘게 생각하고 있어요."

메그의 얼굴은 활발한 기운에 넘쳐 어느 때보다도 아름다웠다.(중략)

아주머니는 메그의 눈앞에서 문을 탕 닫고, 발걸음도 요란히 돌아가 버렸다.

그 때, 갑자기 들어온 브루크 선생은 메그의 손을 *덥석 잡으면서 말했다.

"메그, 나는 듣지 않을 수 없었어요. 나를 변명해 주어서 고맙습니다. 마치 아주머니에게도 감사를 드려야 하겠구요. 왜냐 하면, 아주머니 때문에 메그가 나를 조금이라도 사랑해 주고 있다는 것을 알았으니까."

"아주머니께서 브루크 씨를 나쁘게 말씀하시기 전까지는, 저 자신도 얼만큼 브루크 씨를 생각하고 있었는지 몰랐어요."

"나는 행복에 잠겨도 되는 거지요? 메그!"

"그래요, 존."

메그는 다정하고 낮은 목소리로 대답하면서, 브루크 선생님의 가슴에 얼굴을 묻었다.

생각해 보요

여러분이 존경하고 사랑하는 사람은 누구인가요? 그리고 그 이유는 무엇인가요?

* **존** : 브루크 씨의 이름.
* **덥석** : 왈칵 달려들어 늘큼 물거나 움켜잡는 모양.

1 문제를 발견하자
마치 아주머니는 메그가 브루크 씨와 결혼을 하면 어떻게 하겠다고 말하셨나요?

2 문제를 전개하자 -하나
마치 아주머니가 메그와 브루크 씨의 결혼을 반대하는 이유는 무엇인가요?

3 문제를 전개하자 -둘
메그가 브루크 씨와 결혼하려는 이유는 무엇인가요?

4 결과를 파악하자
마치 아주머니와 메그의 대화를 통해서 브루크 씨와 메그는 어떤 사실을 알게 되었나요?

5 내 답안을 요약하자
마치 아주머니는 메그가 가난한 브루크 씨와 결혼하려는 것을 반대하셨다. 그리고 만일 브루크 씨와 결혼을 한다면 _____
_____
_____

말하고 들어 보아요

🦋 내가 만약 메그라면, 부자와 결혼할지 아니면 가난하지만 사랑하는 브루크 씨와 결혼할지 말해 봅시다. 그리고 다른 친구의 말도 잘 들은 후 써 봅시다.

내 생각 / 친구 생각

마당 5 독서 활동

 작은 아씨들에게 주는 상장

🦋 다음 네 자매 중에서 두 명을 골라 그들에게 주는 상장을 각각 완성해 봅시다.

- 메그(첫째) : 탐스러운 갈색 머리의 아름다운 소녀. 동생들을 잘 돌보고 자상함.
- 조(둘째) : 큰 키에 망아지 같은 소녀. 항상 기운이 넘침.
- 베스(셋째) : 장미빛 뺨에 부드러운 머릿결을 가진 소녀. 수줍음이 많고 착함.
- 에이미(막내) : 물결치는 금발 머리의 꼬마 숙녀. 애교가 많고 떼를 잘 씀.

1

(159쪽에서 알맞은 'NIE 자료'를 찾아 오려 붙이세요.)

_____ 상

이름 : _____

위 사람은 마치 씨의 _____ 딸로서

_____

_____ 이 상장을 수여함.

○○○○년 ○○월 ○○일

아버지 (인)

2

(159쪽에서 알맞은 'NIE 자료'를 찾아 오려 붙이세요.)

_____ 상

이름 : _____

위 사람은 마치 씨의 _____ 딸로서

_____

_____ 이 상장을 수여함.

○○○○년 ○○월 ○○일

아버지 (인)

우리들 세상 — 나만의 방학 생활 계획표

🦋 다음 메그의 '휴가 계획표'를 보고, 나만의 알찬 '방학 생활 계획표'를 짜 봅시다.

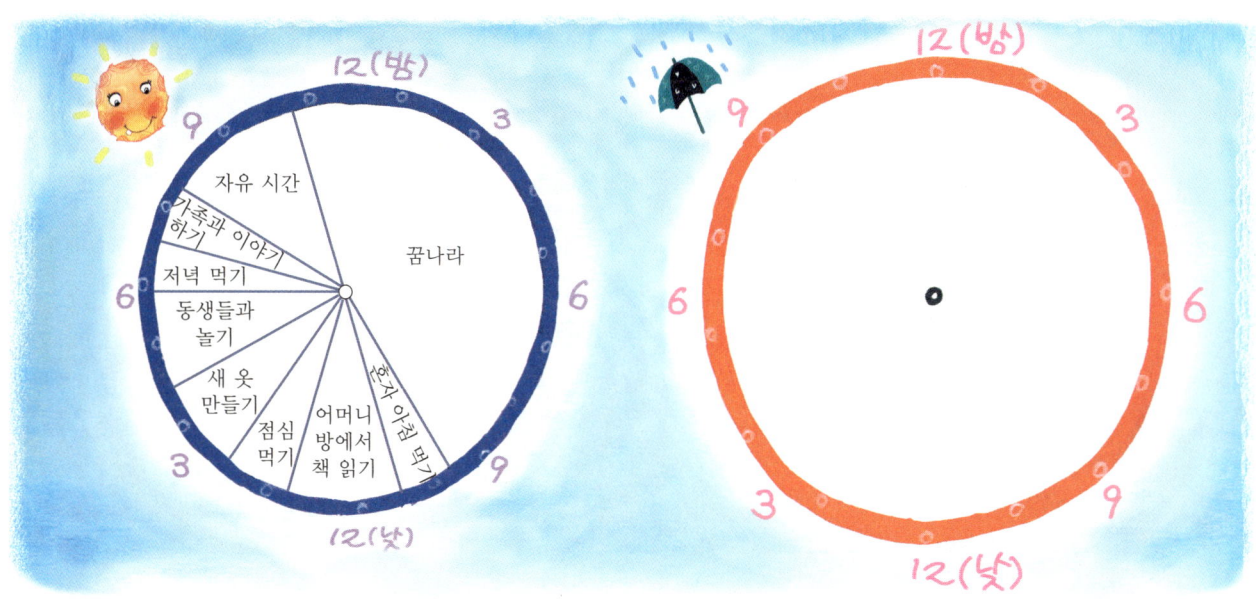

딩동 메시지 — 에이미가 남긴 *유언장

🦋 다음 에이미가 쓴 유언장을 보고, 내 삶을 돌아보며 유언장을 써 봅시다.

내 유언장

　나, 즉 에이미 키어티스 마치는 지상에 있는 나의 전 재산을 다음과 같이 분배하기로 한다. 아버지께 제일 잘된 *스케치와 지도, 그리고 그림과 사진들과 저금한 돈 100달러를 드린다.(중략) 이와 같이 나의 가장 중요한 재산을 분배한 것을 여러분이 만족하고 나쁘게 생각하지 않기를 바란다.

　　　　증인 : 에스터
　　　　쓴 사람 : 에이미

* **유언장** : 죽음에 이르러 남긴 말을 적은 글. / * **스케치** : 밑그림.

톡톡 독서 감상문 — 베스에게 보내는 크리스마스 선물

나는 베스에게 어떤 크리스마스 선물을 주고 싶은지 생각하여 그림으로 그리고, 베스의 병이 낫기를 바라는 편지를 써 봅시다. (159쪽에서 알맞은 'NIE 자료'를 찾아 꾸며 보세요.)

선물을 그려 봐요

마당 5 끝!
부모님 확인	선생님 확인

작은 아씨들

마당 6 「작은 아씨들」을 읽고

토론 활동

생각 활짝 착한 베스가 아파요!
생각 주렁주렁 토론하기
생각 또박또박 내 의견 정리하기
룰루랄라 글쓰기 낱말과 문장을 알아봐요
 독서 감상문을 써 봐요

자신을 희생하면서까지
남을 돌봐야 할까요?

학습 주제
- '자신을 희생하면서까지 남을 돌봐야 하는가'에 대해서 내 생각을 정리하고 친구들과 토론한다.
- 「작은 아씨들」에 나오는 낱말을 이용하여 문장을 만들어 보고, 독서 감상문을 써 본다.

착한 베스가 아파요!

- 자신을 희생하면서까지 남을 돌봐야 할까요?
- 그래야 한다면 그 이유는 무엇일까요?
- 희생과 봉사에 대해 생각해 봅시다.

'희생'에 대해 생각해 보고, 생각 그물을 자유롭게 짜 봅시다.

자신을 희생하면서까지 남을 돌봐야 할까요?

"희생하더라도 남을 돌봐야 해요."

저는 박진경이라고 합니다. 저는 자신을 희생하더라도 남을 돌봐야 한다고 생각합니다. 그 이유는 자신의 희생을 통해서 자기보다 불우한 사람이 행복해질 수 있다면, 그것보다 더 큰 보람은 없기 때문입니다.

얼마 전 텔레비전에서 어떤 아주머니와 아저씨가 버려진 아이들을 친자식처럼 키우는 모습을 본 적이 있습니다. 그 아주머니와 아저씨는 생활이 그리 넉넉하지 않았는데도 기꺼이 자신들의 재산을 털어서 아이들의 뒷바라지를 하고 있었습니다. 만약 그분들이 아이들을 위해 돈과 시간을 내어 주는 것을 꺼려했다면 아이들은 어떻게 되었을까요? 아마도 그 아이들은 가족의 사랑과 보살핌을 받지 못한 채 고아원에서 자라게 되었을 것입니다.

마찬가지로, 「작은 아씨들」에서 베스가 다른 자매들처럼 자기 일을 해야 한다거나, 몸이 아프다는 이유로 허멀 씨 댁의 아기를 돌보는 것을 꺼려했다면, 그 아기는 돌보아 주는 사람도 없이 죽음을 맞이했을 것입니다. 아기가 죽은 것은 안타까운 일이지만, 베스의 보살핌을 받은 아기는 편안히 하늘 나라로 갔을 것입니다.

그러므로 저는 자신을 희생하더라도 남을 돌봐야 한다고 생각합니다.

1 진경이의 주장은 무엇인가요?

----

2 진경이가 1번과 같이 주장하는 이유를 찾아서 밑줄을 그어 보세요.

3 진경이의 주장을 뒷받침할 수 있는 이유를 더 들어 보세요.

"희생하면서까지 남을 돌볼 필요는 없어요."

저는 강선묵이라고 합니다. 저는 자신을 희생하면서까지 남을 돌볼 필요는 없다고 생각합니다.

가장 소중한 것은 나 자신입니다. 나를 잃어가면서까지 남을 도울 필요는 없습니다. 만약 남을 돌보느라 자신의 몸이나 삶이 망가진다면 그것이 진정 가치 있는 일이라고 말할 수 있을까요? 더구나 그 희생이 남을 돌보다가 내 생명까지 위험해지는 일이라면 더더욱 그렇게 말하기는 힘들 것입니다.

「작은 아씨들」에서 베스는 자기 일도 포기하고, 허멀 씨 댁의 병든 아기를 돌보았습니다. 그러다가 아기에게서 병이 옮았고, 몸이 아픈데도 불구하고 계속 아기를 돌보아 주었습니다. 결국 베스는 병이 심해져서 죽기 직전까지 가게 되었고, 가족들을 걱정하게 만들었습니다. 베스가 자신을 희생하면서 아기를 돌보지만 않았어도 그렇게 병에 걸려 고생하는 일은 없었을 것입니다.

그러므로 자신을 희생하면서까지 남을 돌볼 필요는 없으며, 내 삶에 피해를 받지 않는 범위 내에서 남을 돌보아야 한다고 생각합니다.

1 선묵이의 주장은 무엇인가요?

----

2 선묵이가 1번과 같이 주장하는 이유를 찾아서 밑줄을 그어 보세요.

3 선묵이의 주장을 뒷받침할 수 있는 이유를 더 들어 보세요.

마당 6 토론 활동

🦋 내 의견을 정리하고, 나와 반대 되는 친구의 의견도 정리해 봅시다.

 **토론거리 – 자신을 희생하면서까지 남을 돌봐야 할까요?**

	남을 돌봐야 한다	남을 돌볼 필요는 없다
내 의견 (한 문장으로 쓰세요.)		
그렇게 결정한 이유		
이유에 대한 자세한 설명 (예를 제시하면 좋아요.)		
전체 내용 정리하기		

76 작은 아씨들

낱말과 문장을 알아봐요

🦋 다음 낱말 상자에서 아래의 뜻에 해당하는 낱말을 찾아 알맞은 곳에 써 봅시다.

```
곡절        애처롭다      학교      능란하다
       선뜩하다
친구                    푸념              문안
       표절
              구걸하다           선생님
                          병환
행실                              완고하다
              애끓다
```

1 '병(질병)'의 높임 말. (   )

2 실지로 드러나는 행동. (   )

3 익숙하고 솜씨가 있다. (   )

4 갑자기 서늘한 느낌이 있다. (   )

5 순조롭지 아니하게 얽힌 이런저런 복잡한 사정이나 까닭. (   )

6 그때 그때의 사정과 형편을 보아 일을 처리하는 재주가 없이 올곧고 고집이 세다.
(   )

🦋 앞에서 찾은 낱말을 이용하여 〈보기〉처럼 짧은 문장을 만들어 봅시다.

> 병환 : 어머니는 할아버지의 병환을 돌보느라 정신이 없으시다.

1 곡절 : _____

2 행실 : _____

3 능란하다 : _____

4 완고하다 : _____

5 선뜩하다 : _____

6 행실, 완고하다 : _____

🦋 다음 〈보기〉처럼 어제 내가 한 일을 한 문장으로 써 봅시다.

> 조는 어제 아침에 로리와 함께 냇가에 갔고, 오후에는 사과나무 가지에 걸터앉아 책을 읽었다.

_____

_____

독서 감상문을 써 봐요

생활문이란, 자신이 생활하면서 보고, 듣고, 겪고, 느끼고, 생각한 일을 이야기 형식으로 쓴 글입니다. 그 종류에는 일기, 기행문, 독서 감상문, 영화 감상문, 관찰 기록문 등이 있습니다.

독서 감상문이란, 책을 읽고 난 느낌이나 생각 등을 적은 글입니다. 일반적으로 독서 감상문에는 지은이와 책 소개, 책을 읽게 된 동기, 줄거리, 감명 깊게 읽은 내용이나 장면, 책을 읽고 배운 점과 느낀 점 등이 들어갑니다.

🦋 다음 글을 읽고, 아래의 내용이 들어 있는 부분을 찾아 그 기호를 써 봅시다.

(가) 「브레멘 동물 음악대」는 '그림 형제'가 독일에 전해 내려오는 옛이야기들을 모아 놓은 책이다. 어렸을 때 동물들의 울음소리를 흉내 내며 재미있게 읽은 기억이 있는데, 다시 읽어본다면 그 때의 느낌과 어떻게 다른지 궁금해서 책을 읽게 되었다.

(나) 「브레멘 동물 음악대」의 줄거리는 다음과 같다. 당나귀는 늙고 일을 잘 못한다는 이유로 팔아 버리려고 하는 주인에게서 도망친다. 브레멘으로 가서 음악가가 되기로 결심한 당나귀는 길을 가던 중에 사냥개, 고양이, 수탉을 만난다. 그리고 네 동물들은 음악가가 되기 위해 브레멘으로 함께 길을 떠난다. 그러던 어느 날, 네 동물들은 우연히 도둑의 *소굴을 발견하게 된다. 넷은 힘을 합쳐 도둑을 물리치고 브레멘 대신 그 곳에서 살기로 한다.

(다) 「브레멘 동물 음악대」의 네 동물들은 함께 꿈을 향해 나아가고, 지혜와 용기로 도둑을 물리친다. 이러한 모습을 통해, 아무리 늙고 보잘 것이 없어도 꿈을 잃지 않고 노력하면 남다른 삶을 살 수 있다는 희망과 용기를 배울 수 있었다. 특히 버려진 네 동물들의 슬픔을 어렸을 때에는 느끼지 못했는데, 이번에 책을 읽으면서 깊이 있게 느낄 수 있어 좋았다. 나이가 들었다고 쓸모 없는 것이 아니며, 젊은 사람들이 가지지 못한 지혜를 가진 만큼 더욱 존경받아야 함을 깨달았다.

(라) 앞으로는 나도 어른들이 하시는 말씀을 잔소리라고 생각하기보다는 오랜 경험에서 우러나오는 충고로 받아들이는 자세를 가져야겠다.

* **소굴** : 나쁜 짓을 하는 도둑이나 악한 따위의 무리가 활동의 본거지로 삼고 있는 곳.

1 책을 읽게 된 동기 : _____
2 전체 줄거리 : _____
3 독서 후 생각이나 느낌 : _____

글을 잘 읽어 봐!

마당 6 토론 활동 79

🦋 책을 읽고, 독서 감상문을 써 봅시다.

1 내가 읽은 책 중에서 가장 기억에 남는 책의 줄거리를 써 보세요.

_____
_____
_____
_____
_____

2 위의 줄거리와 느낀 점을 바탕으로, 독서 감상문을 자유롭게 써 보세요.

마당 7 「작은 아씨들」을 읽고

주제 활동

생각 활짝 토토야, 잘 가!
생각 주렁주렁 죽음에게 인사를
　　　　　　아버지의 마음
　　　　　　　사진 속에 담긴 추억
생각 또박또박 통합 교과 논술 문제
생각 따라 느낌 따라 나를 잊지 마세요

이별

학습 주제
- '이별'과 관련된 여러 가지 글을 읽고, 이별에 대해 생각해 본다.
- 「작은 아씨들」을 읽고, '이별'을 주제로 통합 교과 논술 문제를 풀어 본다.

토토야, 잘 가!

🦋 다음 만화를 보고, 이별했던 내 경험을 떠올려 봅시다.

죽음에게 인사를

두 척의 배가 바다에 떠 있었습니다. 그 중 한 척은 이제 막 바다를 향해 떠나갈 준비를 하고 있었고, 다른 한 척은 바다에서 항구로 돌아오는 중이었습니다.

이러한 경우, 대부분의 사람들은 이제 막 *출항하는 배에 탄 사람들에게는 손을 흔들며 아쉬운 이별의 인사를 보내지만, 반대로 *입항하는 배에 탄 사람들에게는 별다른 환영의 인사를 하지 않습니다.

*「탈무드」에서는 이러한 것을 그릇된 습관으로 지적하고 있습니다. 바다를 향해 나아가는 배의 앞날은 알 수가 없습니다. 목적지까지 무사히 도착할 수도 있지만, 바람과 거친 파도를 만나 고난을 겪을 지도 모릅니다. 그래서 사람들은 떠나는 배가 무사히 목적지까지 가기를 기원하며 인사를 합니다. 마찬가지로 오랜 항해를 끝내고 무사히 항구에 도착한 배에 탄 사람들에게도 환영의 인사를 해 주어야 합니다. 무사히 돌아온 것에 대한 기쁨과 격려를 아낌없이 해 주어야 하는 것입니다.

우리가 살아가는 인생도 이와 같다고 할 수 있습니다. 출항하는 배에 탄 사람들에게 인사를 하듯이, 갓 태어난 아기가 건강하고 바르게 잘 자라나길 바라는 의미에서 축복의 인사를 합니다. 그런데 입항하는 배에 탄 사람들에게 인사를 하지 않듯이 죽음을 맞이한 사람에게는 축복의 인사를 하지 않습니다. 그러나 진정으로 축복해 주어야 할 사람은 죽음을 맞이하고 있는 사람입니다. 그 동안 힘들게 살아온 것을 위로하고, 이제 편히 쉬기를 기원하면서 그 사람의 죽음을 축복해 주어야 합니다.

* **출항** : 배가 항구를 떠나감.
* **입항** : 배가 항구에 들어오거나 들어감.
* **「탈무드」** : 유대 교에서 전해지는 생활과 행위에 대한 규범과 그에 대한 해설을 모아 놓은 책.

1 이 글에서 '사람이 태어나는 것'과 '사람이 죽는 것'을 각각 무엇에 비유하였는지 쓰세요.

---

2 「작은 아씨들」에서 베스가 키우던 새, 피프는 베스가 잘 돌봐 주지 못해서 그만 죽고 말았습니다. 내가 만약 피프라면, 베스에게 어떤 말을 하며 세상을 떠났을지 상상하여 말해 보세요.

아버지의 마음

사랑하는 딸에게

주현아, 잘 있었니?

할머니 건강이 좋아지셨다니 다행이구나. 어머니도 편안하시고, 동생 주영이도 열심히 공부하고 있겠지?

이 곳에 온 지도 벌써 일 년이 다 되었구나. 낯설기만 하던 이 곳에서 지금은 큰 불편 없이 잘 지내고 있단다. 어제는 아버지가 일하는 이 곳 회사에서 만든 제품을 유럽 지역에 수출하였다. 얼마나 기쁜지 모르겠다.

이 곳에 사는 네 또래의 아이들을 보면 너의 환한 얼굴이 떠오른단다. 네가 바라던 꿈을 이루어 세계인과 어깨를 겨루는 자랑스러운 네 모습을 그려 보기도 하지. 너의 그 꿈을 어떻게 가꾸어 가려는지 말해 줄 수 있겠니? 듣고 싶구나.

사랑하는 주현아!

다음 달에 이 곳을 떠나, 우리 가족이 사는 한국에서 다시 일하게 되었단다. 할머니와 어머니께도 말씀 전해 드려라.

네 얼굴을 생각하니 내 마음이 벌써 그 곳에 있는 것 같구나.

안녕.

○○○○년 ○○월 ○○일
뉴욕에서 주현이를 사랑하는 아버지가

1 이 편지에서 아버지가 가족들과 떨어져 지내는 이유는 무엇인가요?

2 이 편지를 받은 주현이의 마음이 어떨지 상상하여 써 보세요.

3 「작은 아씨들」에서 네 자매들은 아버지가 전쟁터에 나가는 바람에 아버지와 잠시 이별을 합니다. 아버지와 떨어져 있는 네 자매들의 마음이 어떨지 상상하여 말해 보세요.

 ## 사진 속에 담긴 추억

1 이 만화에서 사랑하는 사람과 이별한 후에 여자의 마음은 어떻게 바뀌었나요?

―――――――――――――――――――――――――――――

―――――――――――――――――――――――――――――

2 「작은 아씨들」의 조가 이 만화 속의 여자처럼 사랑하는 사람과 이별을 했다면 어떤 행동을 했을지 상상하여 말해 보세요.

생각 또박또박 · 통합 교과 논술

🦋 다음 글 (가)와 만화 (나)를 읽고, 삶에 도움이 될 수 있도록 이별을 받아들이는 자세에 대해서 내 생각을 써 봅시다.

(가) 언제나 부지런히 일하는 어머니가 오늘따라 소파에 앉아서 한가롭게 책을 읽고 있는 것을 보고, 조는 이상하게 여겼다. 조가 아래층으로 내려와 보니, 베스가 울고 있었다.

"베스야, 왜 그러니?"

조는 자기의 기분마저 *울적해지는 것을 느끼면서 물었다.

"언니, *피프가 죽었어. 내가 나빴어. 먹이도 안 주고 물 주는 것도 잊어버렸거든. 아아, 가엾게도……."

베스는 가엾은 새의 시체를 들고 울었다.

조는 가만히 새를 만져 보다가, 아무 말도 하지 않고 고개를 끄덕이더니, 작은 상자를 하나 찾아다가, 그 속에 새를 넣었다.

"장례식은 점심 먹고 하자, 응? 우리가 같이 해 줄게. 이번 주에는 하나도 제대로 된 것이 없구나. 피프는 그 희생이 된 거야. 자, 울지 말고 기운을 차려야지."

조는 베스를 달래 놓고, 점심 식사를 준비하기 위해 부엌으로 들어갔다. 부엌에 있는 물건들은 *을씨년스럽게 흩어져 있었고, 아직도 설거지를 하지 않은 그릇들이 산더미처럼 쌓여 있을 뿐 아니라, 불마저 꺼져 있었다.

"아이고, 왜 이렇게 모든 것이 뒤죽박죽일까?"

— 루이자 메이 올컷, 「작은 아씨들」에서 —

(나)

* **울적하다** : 마음이 답답하고 쓸쓸하다.
* **피프** : 베스가 키우던 애완용 새.
* **을씨년스럽다** : 날씨나 분위기 따위가 몹시 스산하고 쓸쓸한 데가 있다.

 **주의 사항**

1. 글 (가)의 '베스'와 '조' 그리고 만화 (나)의 '여자'가 이별을 받아들이는 자세를 각각 쓰세요.
2. 삶에 도움이 될 수 있도록 이별을 받아들이는 자세에 대해서 내 생각이 분명히 드러나게 쓰세요.
3. 처음, 가운데, 끝이 드러나게 800자 내외로 쓰세요.(띄어쓰기도 포함.)

문제를 해결해 봐요

1 글 (가)에서 '베스'가 피프의 죽음을 받아들이는 자세는 어떠한가요?

---

2 글 (가)에서 '조'가 피프의 죽음을 받아들이는 자세는 어떠한가요?

---

3 만화 (나)에서 '여자'가 사랑하는 사람과의 이별을 받아들이는 자세는 어떠한가요?

---

4 삶에 도움이 될 수 있도록 이별을 받아들이는 올바른 자세란 무엇인지 써 보세요.

---

5 위의 내용을 정리하여 개요표에 써 보세요.

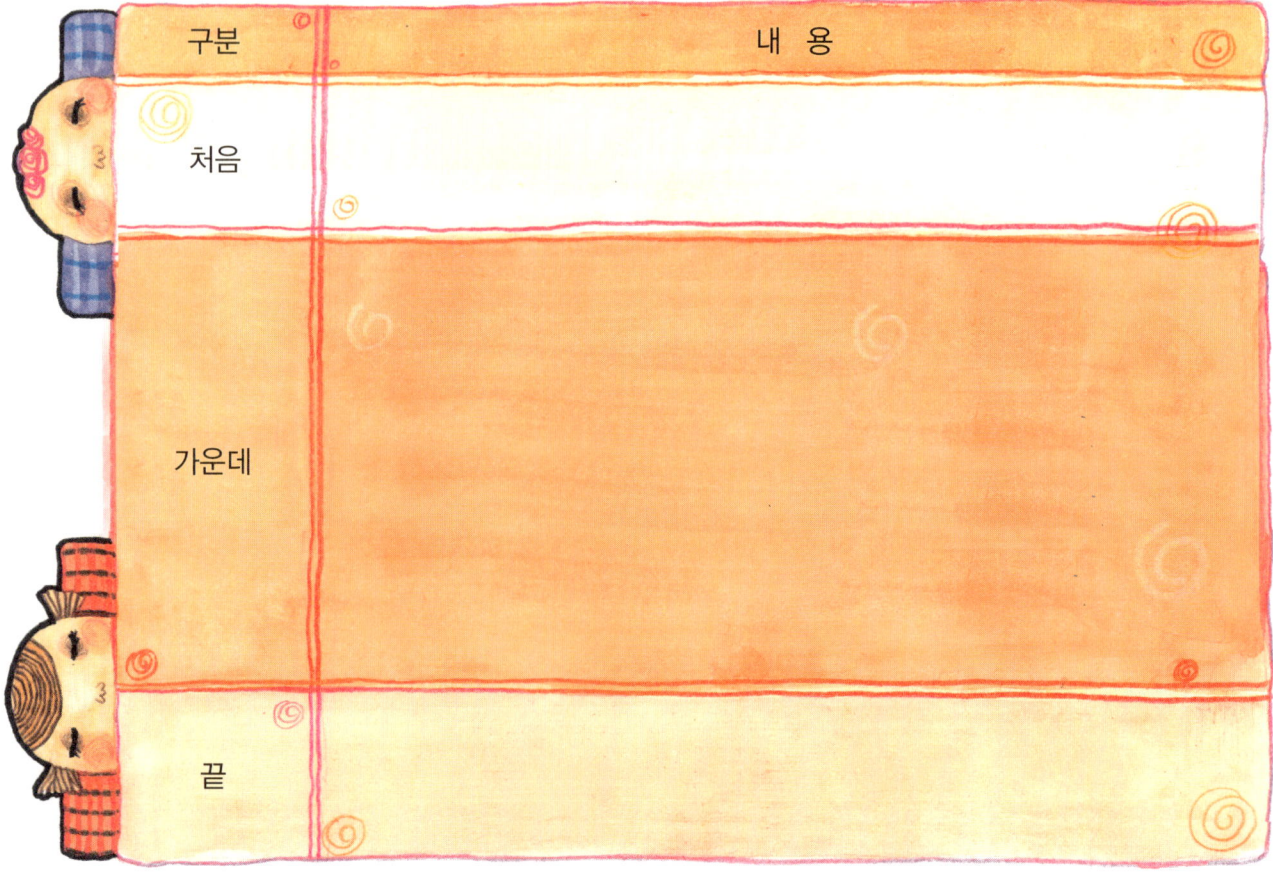

구분	내 용
처음	
가운데	
끝	

글을 써 봐요

● 학년/이름 _____

작성한 개요를 바탕으로 아래의 원고지에 글을 써 봅시다.

평가표

구 분		내 용	참 잘했어요	잘했어요	노력하세요
내용 (이해력)		1. 글 (가)에서 '베스'와 '조', 만화 (나)에서 '여자'가 이별을 받아들이는 자세를 각각 썼나요?	세 개 다 썼다	두 개만 썼다	한 개만 썼다
		2. 삶에 도움이 될 수 있도록 이별을 받아들이는 자세에 대한 내 생각을 썼나요?	썼다		안 썼다
구성 (논리력)	표현	'처음-가운데-끝'의 세 부분으로 나누어 썼나요?	세 부분	두 부분	한 부분
	내용	1. 처음, 가운데, 끝 부분이 자연스럽게 이어지는 내용으로 구성하였나요?	구성했다		안 했다
		2. 말하려고 하는 것을 앞뒤가 맞게 잘 설명하였나요?	모든 내용이 앞뒤가 맞다	앞뒤가 맞지 않는 내용이 있다	모든 내용이 앞뒤가 맞지 않는다
표현 (표현력)		1. 맞춤법에 어긋난 글자는 없나요?	0개	1~5개	6개 이상
		2. 틀리게 쓴 낱말은 없나요?	0개	1~5개	6개 이상
		3. 글자 수에 맞게 썼나요?	720~880자		그 외
나만의 생각 (창의력)		세 인물이 이별을 받아들이는 자세를 내 주장의 뒷받침 내용으로 활용하였나요?	활용했다		활용하지 않았다
평가					

더 나은 논술을 위해 여러분이 쓴 내용을 점검해 봅시다. 여러분 스스로 얼마나 잘 썼는지 평가해 보고, 친구들과 부모님, 선생님께 여러분이 쓴 글을 보여 주세요.

마당 7 끝!
부모님 확인	선생님 확인

나를 잊지 마세요

🦋 다음 만화를 보고, 사랑과 이별에 대해 생각해 봅시다.

마당 8 「작은 아씨들」을 읽고

과학 탐구 활동

생각 활짝 하늘에서 내리는 선물, 눈
생각 주렁주렁 눈의 특징
　　　　　　　신비한 눈 이야기
생각 또박또박 통합 교과 서술 문제
논리야 논리야 다이아몬드를 훔친 범인은?
귀에 쏙쏙 생각 쑥쑥 듣기 평가
꼬리에 꼬리를 무는 책

눈

학습 주제
- '눈'이 만들어지는 과정과 특징에 대해 안다.
- 「작은 아씨들」의 내용을 '눈'과 연관시켜 제시한 통합 교과 서술 문제를 푼다.

하늘에서 내리는 선물, 눈

🦋 눈은 어떻게 만들어지는 것일까요? 눈이 내리는 과정에 대해 알아봅시다.

지표면에서 위로 올라갈수록 기온은 떨어집니다. 그래서 지표면에서 약 10km 위에 떠 있는 구름 주변의 기온은 대개 영하입니다. 구름은 수증기(작은 물방울)로 이루어져 있는데, 주변의 기온이 낮아지면 수증기가 얼어서 얼음 알갱이가 됩니다. 여기에 주변에 있던 수증기가 달라붙어서 얼음 알갱이의 크기가 점점 커집니다. 결국 무거워진 얼음 알갱이는 지표면으로 떨어지게 되는데, 이것이 바로 눈입니다.

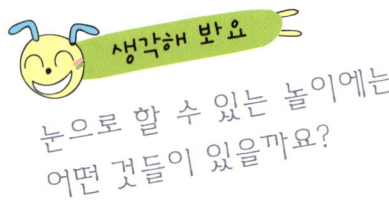

눈으로 할 수 있는 놀이에는 어떤 것들이 있을까요?

눈의 특징

1. 눈은 어떤 모양일까요?

물방울은 육각형 모양일 때 가장 안정된 모습을 이룬다고 합니다. 눈은 구름 속에 있던 작은 물방울들이 얼어서 지표면으로 떨어진 얼음 덩어리이기 때문에, *눈 결정의 기본 모양은 '육각형 모양'입니다. 그런데 눈 결정이 만들어질 때 주변의 온도에 따라 다른 모양이 되기도 합니다. 육각형 모양은 영하 10~20℃ 사이일 때 만들어집니다. 영하 2℃에서는 판 모양이 만들어지고, 영하 5℃에서는 기둥 모양이나 바늘 모양이 만들어집니다. 영하 15℃에서는 다시 판 모양이 되고, 영하 28℃에서는 기둥 모양이 됩니다.

한편, 눈 결정의 크기는 공기 중의 온도와 공기 중에 포함된 수증기의 양에 따라 달라집니다. 날씨가 춥고 건조하면 눈 결정의 크기가 작아지고, 날씨가 따뜻하고 습하면 눈 결정의 크기가 커집니다. 눈 결정의 크기는 보통 0.1~5mm 정도이지만, 큰 것은 10mm가 넘기도 합니다.

▲ 다양한 눈 결정 모양

2. 눈은 왜 하얀 색일까요?

빛이 나아가다가 물체에 부딪치면 나아가던 방향이 바뀝니다. 그런데 크기와 모양이 다양한 얼음 알갱이들이 모여서 만들어진 눈송이 사이사이로 빛이 들어가면, 빛은 얼음 알갱이에 계속 부딪쳐 여러 각도로 퍼져 나갑니다. 결국 눈송이 속에 빛이 들어가면 모든 빛은 반사되고, 반사된 빛들이 섞이기 때문에 우리 눈에는 하얗게 보이는 것입니다. 여러 가지 색깔이 섞이면 검정색이 되지만, 여러 개의 빛이 섞이면 흰색이 되기 때문입니다.

3. 눈이 내리는 날은 조용해요

눈이 내리는 날은 눈이 내리지 않는 날에 비해 조용합니다. 그 이유는 무엇일까요? 눈은 얼음 알갱이들이 모여서 만들어집니다. 그래서 눈송이 안에는 여기저기 빈틈이 많습니다. 이 빈틈은 공기로 채워져 있는데, 이 공기층이 소리를 흡수해 주기 때문에 눈이 내릴 때에는 눈이 내리지 않을 때보다 주변이 조용한 것이랍니다.

* **눈 결정** : 눈송이를 이루는 작은 얼음 알갱이.

신비한 눈 이야기

1. 아프리카에 눈 덮인 산이 있어요

'킬리만자로 산'은 아프리카 대륙에서 가장 높은 산입니다. 그런데 킬리만자로 산꼭대기에는 1년 내내 흰 눈이 덮여 있습니다. 어떻게 무더운 아프리카에 눈 덮인 산이 있는 것일까요?

우리 주변을 감싸고 있는 공기의 온도는 평균적으로 1km가 올라갈 때마다 6.5℃씩 낮아집니다. 아프리카처럼 더운 나라의 땅 표면의 온도는 30℃ 정도이지만, 높이가 5,895m인 킬리만자로 산꼭대기는 영하 10℃ 정도가 됩니다. 그래서 킬리만자로 산꼭대기에 내린 눈이 녹지 않고 그대로 남아 있는 것입니다.

▲ 킬리만자로 산

2. 눈의 최고 기록을 살펴봐요

지금까지 세계에서 하룻동안 눈이 가장 많이 온 곳은 미국의 '콜로라도'입니다. 1921년 4월 14일에 내린 눈의 양이 193cm라고 하니 어마어마하지요? 또한, 우리 나라에서는 1955년 1월 20일 '울릉도'에 내린 150.9cm의 눈이 최고 기록이라고 합니다.

3. 빙하도 눈이에요

남극과 북극 지방은 기온이 낮아서 눈이 내리면 녹지 않고 쌓여서 '빙하'를 만듭니다. 눈은 얼음 알갱이들로 이루어져 있습니다. 그런데 눈이 내리거나 쌓이는 과정에서, 눈송이들이 서로 부딪쳐서 얼음 알갱이들이 깨집니다. 이러한 눈이 계속 쌓이면, 즉 깨진 얼음 알갱이들이 계속 쌓이면, 무게 때문에 압력을 받게 되어 서로 뭉치게 됩니다. 눈보다 더 단단하고 큰 덩어리로 말이지요. 이렇게 쌓인 눈이 녹지 않고 수백~수천 년 동안 단단하게 굳어진 것이 빙하입니다. 그리고 이 빙하가 충격을 받으면 떨어져 나와 바다 위를 떠다니게 되는데, 이것을 '빙산'이라고 부릅니다.

전세계에 있는 빙하를 모두 합하면 육지에 있는 물의 약 75%를 차지하게 됩니다. 만약 빙하가 전부 녹아 버린다면, 바다의 높이는 현재보다 약 60m가 높아진다고 합니다.

실험 빙하를 만들어 봐요

준비물
눈, 냉장고(냉동실)

실험 방법

① 눈이 많이 내린 날 밖에 나가서 공 모양으로 단단하게 눈을 뭉칩니다.

② 뭉친 눈이 약간 녹을 정도로 실내에 놓아 둡니다.

③ 약간 녹은 눈덩이를 냉동실에 넣고 약 30분 동안 얼립니다.

④ 30분 후에 냉동실에서 얼린 눈덩이를 꺼냅니다.

결과 및 원리 설명

위의 실험에서 뭉친 눈을 약간 녹이는 이유는 단단한 눈덩이를 만들기 위해서입니다. 눈덩이를 녹이면 물이 생깁니다. 이 물이 눈덩이 사이사이로 들어가서 빈틈을 채우게 되면, 눈을 녹이지 않고 냉동실에 넣었을 때보다 더 단단한 눈덩이가 만들어집니다. '빙하'가 만들어지는 원리도 이와 같습니다.

눈은 얼음 알갱이들로 이루어져 있습니다. 그런데 눈이 내리거나 쌓이는 과정에서, 눈송이들이 서로 부딪쳐서 얼음 알갱이들이 깨집니다. 이러한 눈이 녹지 않고 계속 쌓이면, 무게 때문에 압력을 받게 되어 처음의 눈보다 더 단단하고 큰 덩어리로 뭉치게 됩니다. 이렇게 쌓인 눈이 추운 날씨 때문에 녹지 않고 수백~수천 년 동안 단단하게 굳어진 것이 바로 빙하입니다.

🦋 다음 글 (가)와 (나)를 읽고, 물음에 답해 봅시다.

(가) "조! 도대체 뭘하려고 그러니?"

㉠하얗게 눈이 쌓인 어느 날 오후, 장화를 신고, 다 떨어진 저고리를 걸치고 머리엔 모자를 쓴 채, 한 손에는 마당비, 또 한 손에는 삽을 들고 쾅쾅 요란한 구두 소리를 내며 밖으로 나가는 조를 보자, 메그는 깜짝 놀라서 물었다.

"운동하러 가는 거야."

"아니, 이렇게 추운 날 무슨 운동이니? 그러지 말고 이리 와 봐. 따끈따끈한 게 얼마나 기분 좋은지 몰라."

"참견하지 마. 하루 종일 고양이처럼 난롯가에 앉아 있는 거 난 싫어. 나는 지금부터 아슬아슬한 모험을 찾아 나설거야."

메그가 난롯가로 돌아와 발을 얌전히 모으고 다시 책을 읽기 시작했을 때, 조는 힘차게 ㉡마당에 쌓인 눈을 쓸기 시작하고 있었다. (중략)

조는 마당의 눈을 쓸다가, 한참 동안 옆집을 바라보았다.

'저, 큰 집에 들어가려면 도대체 어떻게 하면 될까?'

바로 그 때, 이 층 창가에 기대어 밖을 내다보고 있는 소년이 눈에 띄었다. 그 소년의 머리는 검고, 얼굴은 파리하였으며, 몹시 여윈 몸집이었다.

"저 애가 바로 로리구나, 옳지! 눈덩이를 뭉쳐서 던져야지. 그러면 이쪽을 볼 거야."

조는 눈을 한줌 둥글게 뭉쳐서 이 층을 향하여 힘껏 던졌다.

— 루이자 메이 올컷, 「작은 아씨들」에서 —

(나) 우리 주변을 감싸고 있는 공기의 온도는 평균적으로 1km가 올라갈 때마다 6.5℃씩 낮아집니다. 그래서 지표면에서 약 10km 위에 떠 있는 구름 주변의 기온은 영하를 밑돕니다. 구름은 수증기로 이루어져 있는데, 주변의 기온이 낮아지면 수증기가 얼어서 얼음 알갱이가 됩니다. 여기에 주변에 있던 수증기가 달라붙어서 얼음 알갱이의 크기가 점점 커집니다. 결국 무거워진 얼음 알갱이는 지표면으로 떨어지게 되는데, 이것이 바로 눈입니다.

눈은 왜 하얀색일까요? 그 이유는 다음과 같습니다. 빛이 나아가다가 물체에 부딪치면 나아가던 방향이 바뀝니다. 그런데 크기와 모양이 다양한 얼음 알갱이들이 모여서 만들어진 눈송이 사이사이로 빛이 들어가면, 빛은 얼음 알갱이에 계속 부딪쳐 여러 각도로 퍼져 나갑니다. 결국 눈송이 속에 빛이 들어가면 모든 빛은 반사되고, 반사된 빛들이 섞이기 때문에 우리 눈에는 하얗게 보이는 것입니다. 여러 가지 색깔이 섞이면 검정색이 되지만, 여러 개의 빛이 섞이면 흰색이 되기 때문입니다.

또한, 왜 눈길은 미끄러운 것일까요? 날씨가 추우면 눈은 녹지 않고 쌓입니다. 그런데 눈 쌓인 길을 사람들이 지나다니면 어느 새 눈길이 빙판길로 변하는 것을 볼 수 있습니다. 사람의 몸무게가 눈 위에 압력을 주었기 때문에 눈들이 서로 뭉쳐져서 단단한 얼음 덩어리로 변한 것입니다. 그래서 눈길을 걸으면 미끄러지는 것입니다.

1 글 (가)의 ㉠처럼 눈이 하얗게 보이는 이유는 무엇인지 글 (나)에서 찾아 쓰세요.

2 글 (가)에서 조가 ㉡과 같이 마당에 쌓인 눈을 쓰는 이유를 글 (나)에서 찾아 쓰세요.

3 다음 〈보기〉처럼 순우리말로 된 '눈 이름'을 한 가지 이상 쓰고, 그러한 이름이 붙은 이유도 써 보세요.

〈보기〉 도둑눈 – 밤새 사람들이 모르게 내린 눈이므로

다이아몬드를 훔친 범인은?

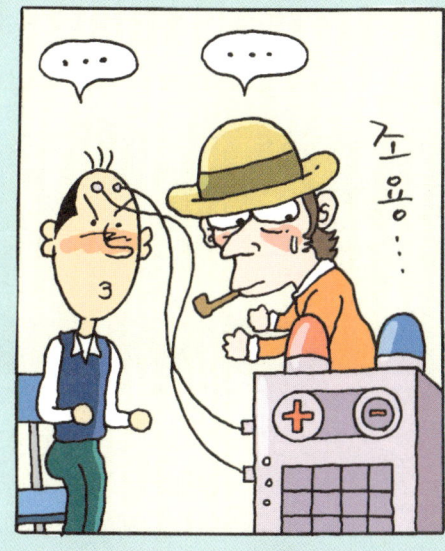

눈앞에서 범인을 놓친 탐정

앞의 만화에서, 탐정은 '사다리나 다른 도구를 이용했으면 다이아몬드를 훔친 것', '사다리나 다른 도구를 이용하지 않았으면 다이아몬드를 훔치지 않은 것'으로 정해 놓고 하인에게 질문을 하였습니다. 다른 방법으로 다이아몬드를 훔칠 수 있는데도 말입니다. 예를 들면, '앵무새'를 이용해서 다이아몬드를 훔칠 수도 있습니다.

이러한 탐정의 잘못된 생각을 '모순'과 '반대'의 개념으로 설명할 수 있습니다. '모순'은 두 개념 사이에 어떤 것도 끼어들 수 없는 관계를 말합니다. 예를 들어, '삶과 죽음'은 모순 개념의 말입니다. 삶과 죽음 사이에는 '산 것도 아니고 죽은 것도 아닌 것'이 끼어들 수 없기 때문입니다. 그러나 '반대'는 두 개념 사이에 다른 것이 끼어들 수 있습니다. 예를 들면, '차가움과 뜨거움'은 반대 개념의 말입니다. 왜냐 하면, 그 사이에 '미지근함, 따뜻함' 등이 있을 수 있기 때문입니다. 탐정은 이러한 모순 개념과 반대 개념을 착각했던 것입니다.

'흑백 논리의 오류'란 무엇일까요?

이렇게 '반대' 개념을 '모순'으로 착각하여 저지르게 되는 오류를 '흑백 논리의 오류'라고 합니다. 색깔이 검정과 하양만 있다고 생각하는 것처럼, '이것 아니면 저것'이라는 식으로 모든 것을 둘 중의 하나라고 생각하는 것입니다. 좀 더 쉬운 예를 들어 봅시다.

어느 날 저녁, 수진이는 컴퓨터 게임을 하고 있었습니다. 이를 본 엄마가 "너는 숙제할 생각이 없는 거니?"라고 말씀하셨습니다. 엄마의 생각은 다음과 같이 정리할 수 있습니다.

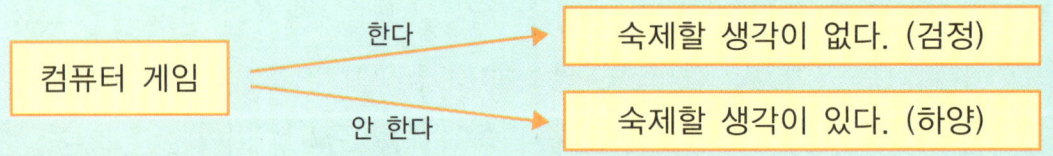

이렇게 딱 두 가지만으로 구분지어 생각하는 것이 '흑백 논리의 오류'입니다. 그런데 수진이가 컴퓨터 게임을 한다고 해서 숙제할 생각이 없는 것이라고 말할 수는 없습니다. 또한, 수진이가 컴퓨터 게임을 안 한다고 해서 반드시 숙제할 생각이 있다고도 말할 수 없습니다. 즉, 색깔에는 검정과 하양만 있는 것이 아니라 빨강, 노랑, 파랑도 있는 것입니다.

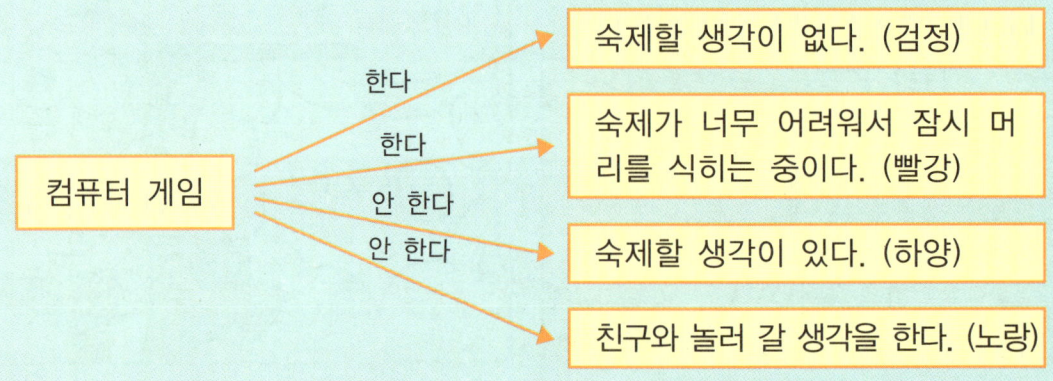

1. 다음 중에서 '흑백 논리의 오류'를 골라 번호를 쓰세요. (   )

   ① 내 부탁을 거절하기만 해 봐! 나한테 혼날 줄 알아.
   ② 내 부탁을 거절하다니, 넌 날 싫어하는 것이 분명해!
   ③ 넌 나랑 제일 친한 친구잖아. 내 부탁을 들어 줄 거지?
   ④ 선생님, '친구끼리는 서로 도와야 한다.'고 말씀하셨는데, 그러면 형제끼리는 서로 돕지 않아도 되나요?

2. 다음 두 사람의 대화를 보고, 하늘이의 말이 '흑백 논리의 오류'인 이유를 써 보세요.

   > 하늘 : 창민아, 너는 나한테 미안하지도 않니?
   > 창민 : 왜? 선생님한테 혼난 것이 내 탓이니?
   > 하늘 : 그래, 네 탓이지. 네가 하자는 대로 해서 이렇게 된 거잖아. 처음부터 내가 하자는 대로 했으면 선생님께서 원하시는 대로 숙제를 잘해 왔을 텐데, 네 말을 듣는 바람에 숙제를 잘못한 거잖아.

   _____
   _____
   _____

3. '흑백 논리의 오류'에 해당하는 예를 한 가지만 써 보세요.

   _____
   _____

귀에 쏙쏙 생각 쑥쑥

「작은 아씨들」을 읽고, 전체 내용을 얼마나 잘 알고 있는지 '듣기 문제'로 확인해 봅시다. 지금부터 선생님께서 들려 주는 이야기를 듣고, 문제를 풀어 봅시다.

[01 ~ 03]

01 다음 중 들려 준 이야기에 나오지 <u>않은</u> 인물은 누구인가요? ·················· (   )

① 조 ② 메그 ③ 베스
④ 어머니 ⑤ 에이미

02 다음 중 들려 준 이야기의 내용과 맞지 <u>않은</u> 것은 어느 것인가요? ·············· (   )

① 메그는 열 시까지 늦잠을 잤다.
② 조는 아침에 로리와 같이 냇가에 갔다.
③ 어머니는 어머니 방 의자에 앉아 책을 읽으셨다.
④ 베스는 쓸데없이 피아노를 치면서 시간을 보냈다.
⑤ 에이미는 그림을 그리다가 싫증이 나서 걷어치웠다.

03 들려 준 이야기에 어울리는 제목을 붙여 보세요.

[04 ~ 05]

* **해너** : 마치 씨 댁의 가정부.

04 들려 준 이야기가 다음 〈보기〉의 어느 부분에 들어갈지, 전체 내용을 생각하여 알맞은 기호를 쓰세요. ··· (   )

> **보기**
>
> 메그, 조, 베스, 에이미의 아버지는 전쟁터에 나가셨다. (㉠) 아버지께서 아프시다는 소식이 전해졌다. (㉡) 허멀 씨 댁의 아기를 돌보던 베스에게 병이 옮았다. (㉢) 아버지께서 돌아오셨다. (㉣) 브루크 씨는 메그에게 자신의 마음을 고백하였다.

104 작은 아씨들

05 들려 준 이야기에서 어머니가 딸들에게 부탁한 내용과 사람을 바르게 선으로 연결해 보세요.

(1) 엉뚱한 짓을 삼가라.　　　　　　　•　　　　　　•　㉠ 조

(2) 자질구레한 집안일을 도와라.　　•　　　　　　•　㉡ 메그

(3) 동생들을 잘 돌봐 주어야 한다.　•　　　　　　•　㉢ 베스

(4) 말을 잘 듣고 심부름을 잘 해라.　•　　　　　　•　㉣ 에이미

[06 ~ 07]

06 필독서 전체의 내용과 맞지 <u>않은</u> 것은 어느 것인가요? (　　　)

① 조가 쓴 소설이 신문에 실렸다.
② 메그와 브루크 씨는 결혼을 하게 되었다.
③ 조는 아버지의 치료비를 마련하기 위해서 자신의 머리카락을 잘랐다.
④ 아픈 베스에게서 병이 옮은 에이미는 마치 아주머니 댁에 가게 되었다.
⑤ 언니들과 함께 극장에 가지 못한 에이미는 조의 원고를 불태워 버렸다.

07 「작은 아씨들」의 네 자매 중에서 나와 가장 닮은 인물을 찾고, 그 이유를 써 보세요.

꼬리에 꼬리를 무는 책

■ 이별 · 눈

내 마음의 수호천사

사랑하는 사람과의 이별은 큰 슬픔을 줍니다. 특히 부모님 중의 한 분이 돌아가신다는 것은 상상조차 못할 일입니다. 그러나 그 불행이 은별이네 가족에게 찾아왔습니다. 갑작스런 엄마의 위암 말기 진단은 평화롭고 화목하던 은별이네 가족을 슬픔에 빠뜨렸습니다. 결국 은별이의 엄마는 얼마 지나지 않아 세상을 떠나셨고, 은별이는 엄마 없는 졸업식을 맞이하게 됩니다. 어렵고 힘든 현실을 감당해 내는 은별이를 통해, 죽음과 이별의 의미에 대해 생각해 볼 수 있습니다.

신현수 지음 / 김영장 그림 / 푸른나무 펴냄

또 한번의 전학

이 책에는 정든 곳을 떠나 낯선 곳에 적응해야 하는 아이들이 등장합니다. 1학년 때 전학을 온 상준이는 친구들과 헤어진 아픈 기억이 있습니다. 그러던 4학년 봄날, 가장 친한 경환이의 전학으로 상준이는 또 다시 이별을 경험합니다. 그리고 상준이는 새로 전학 온 형기와 우정을 나누지만, 또 한 번의 전학을 가야 합니다. 정든 친구들과 헤어지는 것이 싫지만, 상준이는 훌쩍 자란 마음의 키를 느끼며 이별을 받아들입니다. 이러한 상준이의 모습을 통해 친구들과의 우정과 이별의 소중함을 배울 수 있습니다.

김혜리 지음 / 장선환 그림 / 시공주니어 펴냄

초등학교 때 꼭! 해야 할 재미있는 과학실험 365

이 책은 봄, 여름, 가을, 겨울 등 계절에 어울리는 365가지의 재미있는 실험을 소개하고 있습니다. 우리 주변에는 놀랍고 흥미로운 과학의 비밀이 숨어 있습니다. 식물은 어떻게 자랄까요? 사막에서는 어떻게 물을 구할까요? 냉동실 없이 얼음을 만들 수는 없을까요? 이러한 물음에 대한 답을 실험을 통해 찾을 수 있습니다. 특히 이 책의 '겨울' 실험을 통해 '눈'에 대한 궁금증을 풀 수 있답니다.

아니타 판 자안 지음 / 도로시아 투스트 그림 / 애플비 펴냄

마당 9 「리틀 변호사가 꼭 알아야 할 법 이야기」를 읽고

독서 활동

생각 활짝 법정에서는 어떤 일이 벌어질까요?
생각 주렁주렁 엉망이의 하루
　　　　　　　불평이 아저씨의 하루
생각 또박또박 NIE 활동

학습 주제
- 「리틀 변호사가 꼭 알아야 할 법 이야기」를 읽고, 내용을 파악하여 문제를 해결한다.
- 'NIE 활동'으로 내 생각을 표현한다.

생각 활짝 — 법정에서는 어떤 일이 벌어질까요?

법정
법정이란, 재판을 하는 장소를 말해요. 판사, 검사, 변호사, 원고, 피고, 증인 등이 재판에 참여하지요.

재판의 종류
재판은 크게 '형사 재판'과 '민사 재판'으로 나뉘어요. '형사 재판'은 강도, 살인, 절도(남의 물건을 몰래 훔침.), 폭행 등을 저지른 범죄자를 처벌하기 위한 재판이에요. 그리고 '민사 재판'은 개인과 개인이 재산 등의 문제로 다투는 것에 대하여 판단을 내리는 것이지요.

판사
판사는 재판에서 판결을 내리는 역할을 해요. 검사, 변호사, 원고, 피고, 증인 등의 주장을 듣고 공정한 결정을 내리지요.

변호사
재판을 받아야 할 사람들을 도와, 법정에서 그들의 입장을 잘 말해 주는 사람이에요. 억울한 일을 당한 사람이나 죄를 지은 사람이 변호사를 고용(돈을 주고 사람을 부림.)하면, 변호사는 그 사람이 재판에서 무죄를 선고받거나 처벌을 덜 받도록 도와 준답니다.

검사
검사는 흉악한 범죄가 일어나면 경찰을 지휘해서 사건을 조사하고 범인을 찾아내는 사람이에요. 그리고 재판을 열어 범인의 죄를 밝히지요.

3심 제도
'3심 제도'는 하나의 사건에 대해서 재판을 세 번까지 할 수 있도록 하는 제도예요. 정확한 판결을 통해 억울한 사람이 없도록 하기 위한 것이지요. 1차 재판은 '지방 법원' 또는 '가정 법원'에서 이루어지는데, 여기에서 나온 판결을 받아들일 수 없으면 '고등 법원'에서 2차 재판을 할 수 있어요. '고등 법원'에서 나온 판결도 억울하다고 생각되면 '대법원'에서 3차 재판을 받을 수 있지요. 이렇게 3차까지 재판을 받았는데 재판 결과가 각각 다르다면 대법원의 결정에 따라 처벌을 받는답니다.

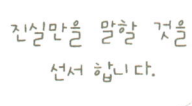

증인
사건과 관련된 자신의 경험을 말해 주어, 판결에 도움을 주는 사람을 말해요. 사건의 목격자, 원고나 피고를 잘 아는 사람, 사건과 관련된 전문인 등이 증인이 되지요.

원고와 피고
재판을 열어달라고 신청하는 사람을 '원고'라고 하고, 재판을 받는 사람을 '피고'라고 해요. 피고가 나쁜 사람이냐고요? 원고와 피고는 누가 재판을 신청했느냐에 따라 불리는 이름일 뿐이지, 누가 죄를 지었느냐는 재판이 끝나야 알 수 있어요.

엉망이의 하루

* **엉망진창**: '엉망'을 강조하여 이르는 말. 일이나 사물이 헝클어져서 갈피를 잡을 수 없을 만큼 망가지거나 어수선한 상태.
* **눈살을 찌푸리다**: 마음에 못마땅한 뜻을 나타내어 두 눈썹 사이를 찡그리다.
* **아랑곳하지 않다**: 일에 나서서 참견을 하거나 관심을 두지 않다.

엉망이의 생활은 모든 게 *엉망진창이에요. 엉망이를 만나는 사람들은 누구라도 *눈살을 찌푸리지 않을 수 없죠.

왜냐고요? 엉망이의 하루를 잠깐만 들여다보면 그 이유를 알 수 있을 거예요.

학교로 가기 위해 집을 나서면서 엉망이는 이웃집 할아버지를 만났어요. 하지만 그냥 모르는 체 지나쳤죠. 엉망이는 동네 어른들을 만나도 절대로 인사하는 법이 없거든요.

학교에 가려면 엉망이는 버스를 타야 해요. 정류장에는 친구들이 질서 있게 줄을 서서 버스를 기다리고 있었어요. 그런데 버스가 도착하자, 엉망이가 줄을 선 친구들을 제쳐 두고 은근슬쩍 앞으로 나가 버스에 훌쩍 올라타 버렸어요. 엉망이는 원래 줄을 서지 않아요. 친구들과 운전 기사 아저씨가 눈살을 찌푸려도 상관하지 않았답니다.

아침부터 차 안은 떠들썩했어요. 엉망이가 커다란 소리로 전화를 하기 시작했거든요. 옆에 있는 사람들이 모두 귀를 막아야 할 정도였지요. 사람들이 조용히 하라고 주의를 주었지만, 엉망이는 *아랑곳하지 않았어요. 뭐가 그리 재미있는지 큰 소리로 웃기까지 했답니다.

생각해 보요
엉망이처럼 새치기하는 사람들이 많아진다면 어떻게 될까요?

너희들도 눈살이 찌푸려진다고? 맞아. 옆에 있다면 엉덩이를 힘껏 차 주고 싶은 *심정일 거야.

어디 엉망이를 혼내 줄 법은 없을까?

여기서 말하는 법이란 방법을 말하는 게 아니라 *강제력을 가지고 있는 '법'을 말하는 거야. *벌금을 물게 한다던가, 좀 심한 것 같아도 버릇을 고칠 때까지 엉망이의 자유를 빼앗는 거지. *구치소 같은 데 가둬 두는 것 말이야. 그러기 위해서는 엉망이가 무슨 잘못을 했는지 살펴봐야 하는데……. 어째 법을 어긴 것 같지는 않단 말이야.

첫째, 어른을 보고 인사를 하지 않았다.

둘째, 차례를 지키지 않았다.

셋째, 공공 장소에서 시끄럽게 떠들었다.

이 세 가지 일로 보면, 엉망이는 어른에 대한 예의가 없고 공중 도덕 의식이 전혀 없는 것 같아. 그렇지만 엉망이가 법을 어긴 건 아니라는 거지.

그렇다면 법과 엉망이의 잘못과는 어떤 차이가 있는 걸까?

한 마디로 말해서 '법과 도덕의 차이'로 볼 수 있어. 법과 도덕은 강제력이 있는가 없는가로 구분할 수 있지. 법은 강제력을 가지지만 도덕은 강제력을 가지지 않거든.

엉망이는 개인이 알아서 지켜야 할 도덕을 지키지 않은 거야. 어른에게 인사를 하지 않았다고 강제로 벌금을 물게 하거나, 줄을 서지 않았다고 구치소에 가둘 수는 없단다.

하지만 남의 물건이 탐나서 그 물건을 훔쳤다고 해 보자. 이건 분명히 절도죄에 해당되므로 법을 어긴 거야. 이럴 경우에는 법에 따라 벌을 받아야 해. 법은 강제력이 있어서 지키지 않으면 *불이익을 받게 된단다.

> **생각해 보요**
> 엉망이를 혼내 줄 방법에는 어떤 것이 있을까요?

* **심정** : 마음속에 품고 있는 생각이나 감정.
* **강제력** : 어떤 사람이 의무를 다하지 않은 경우에, 법으로서 의무를 다하게 할 수 있는 힘.
* **벌금** : 법을 어겼을 때, 그 벌로 내게 하는 돈.
* **구치소** : 구속된 사람을 판결이 내려질 때까지 가두어 두는 시설. 판결이 나서 형을 받은 사람을 가두어 두는 시설은 '교도소'임.
* **불이익** : 이익이 되지 아니하고 손해가 됨.

확인해 보아요

1. 문제를 발견하자 - 하나
학교를 가기 위해 집을 나선 엉망이는 이웃집 할아버지를 보고 어떻게 행동했나요?

2. 문제를 발견하자 - 둘
버스 정류장에서 엉망이는 버스가 도착하자 어떻게 행동했나요?

3. 문제를 발견하자 - 셋
버스에 탄 엉망이는 어떤 행동을 했나요?

4. 결과를 파악하자 - 하나
엉망이는 법과 도덕 중에서 무엇을 지키지 않은 건가요?

5. 결과를 파악하자 - 둘
법과 도덕의 차이는 무엇인가요?

6. 내 답안을 요약하자
엉망이는 학교 가는 길에 _____
_____
_____

말하고 들어 보아요

엉망이가 자신의 행동을 뉘우칠 수 있도록, 엉망이가 잘못한 점을 각각 지적하며 내 생각을 말해 봅시다. 그리고 다른 친구의 말도 잘 들은 후 써 봅시다.

내 생각	친구 생각

마당 9 독서 활동

불평이 아저씨의 하루

* **소음** : 불규칙하게 뒤섞여 불쾌하고 시끄러운 소리.
* **소각장** : 쓰레기 따위를 불에 태워 버리는 장소.

불평이 아저씨는 아침에 일어나자마자 귀마개를 해야 해요.

"쿵쿵 와당탕 퉁탕!"

위층에서 들리는 *소음이 오늘도 하루 종일 아저씨를 괴롭힐 테니까요.

"오늘 아침 공기도 보나마나 똑같겠지."

불평이 아저씨는 투덜거리며 거실 창문을 빼꼼히 열어 보았어요.

"으윽, 냄새!"

지독한 냄새가 코를 찔러서 아저씨는 다시 창문을 꼭꼭 닫아야 했어요. 바로 쓰레기 태우는 냄새였죠. 아저씨네 집에서 얼마 되지 않는 곳에 쓰레기 *소각장이 들어섰거든요.

아저씨는 세수를 하기 위해 욕실로 들어갔어요. 그런데 이게 웬일일까요? 수도꼭지를 틀자 흙탕물이 나오는 거예요.

아저씨는 무척 화가 났어요. 그래서 어디론가 전화를 걸어 이렇게 소리쳤죠.

"대체 공사는 언제 끝나는 거요?"

아저씨네 윗동네에는 커다란 쇼핑 센터가 들어설 거라고 했어요. 그래서 한창 수도 공사를 하는 중인데, 그것 때문에 며칠 전부터 수돗물에 흙탕물이 섞여 나온 거였어요.(중략)

생각해 봐요

나라면 이 문제를 어떻게 해결할까요?

어때? 아저씨가 투덜거리며 하루를 보낼 만하다고 생각하지 않니? 불평이 아저씨도 아마 처음부터 *불만이 많은 사람은 아니었을 거야. 이렇게 나쁜 환경 속에서 살아가다 보니 자기도 모르게 그렇게 된 거겠지.

사람들은 누구나 좋은 환경에서 살아가고 싶어해. 조용하며, 맑은 공기와 깨끗한 물을 맘껏 마실 수 있는 곳.

'환경이 사람을 만든다.'는 말이 있어. 나를 둘러싼 환경은 내가 살아가는 데 아주 커다란 영향을 미친다는 뜻이야. 몸의 건강은 물론이고 정신 건강에도 말이야. 그래서 환경이 중요한 거란다. 이렇게 중요한 환경과 관련된 모든 일을 다루는 법이 환경법이야.(중략)

'환경'하면 먼저 '자연 보호'가 떠오르는 친구들이 많을 거야. 산이나 들에 놀러 가서 자연을 *훼손하면 안 된다는 거 말이지. 예를 들면 나뭇가지나 꽃을 꺾고 바위에 이름을 새겨 놓고 하는 일 말이야.

하지만 환경법이 이렇게 자연 환경과 관련된 일들만을 다루는 것은 아니야. 우리를 둘러싼 사회적 조건이나 형편 모두가 바로 환경법과 관련이 있거든. 예를 들면 우리가 사는 데 없어서는 안 될 공기와 물, 주위의 소음, 쓰레기, 그리고 '집에 햇빛이 얼마나 드는가'까지도 환경법과 관련이 있어.(중략)

그리고 중요한 것은 환경법은 우리 나라에만 있는 것이 아니라는 점이야. 우리 나라만 잘 지킨다고 해서 좋은 환경을 만들 수 없으니까. 전세계가 함께 지킬 때 비로소 살기 좋은 환경, 아름다운 지구를 지킬 수 있는 거란다.

* **불만** : 마음에 흐뭇하게 차지 않음.
* **훼손** : 헐거나 깨뜨려 못 쓰게 만듦.

생각해 보요

여러분은 '환경'하면 어떤 것이 먼저 떠오르나요?

확인해 보아요

1. 문제를 발견하자 -하나
불평이 아저씨가 일어나자마자 귀마개를 해야 하는 이유는 무엇인가요?

2. 문제를 발견하자 -둘
불평이 아저씨가 창문을 닫은 이유는 무엇인가요?

3. 문제를 발견하자 -셋
불평이 아저씨가 욕실에서 수도꼭지를 틀자 어떤 일이 벌어졌나요?

4. 결과를 파악하자 -하나
불평이 아저씨가 투덜대는 일들은 무슨 법과 관련이 있나요?

5. 결과를 파악하자 -둘
환경법은 어떤 것들을 다루나요?

6. 내 답안을 요약하자
불평이 아저씨는 _____
_____
_____

말하고 들어 보아요

환경법을 잘 지키지 않는다면 어떤 일이 일어날지 예를 들어 말해 봅시다. 그리고 다른 친구의 말도 잘 들은 후 써 봅시다.

내 생각	친구 생각

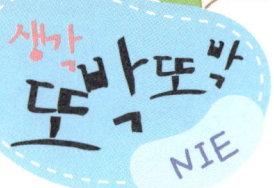

 불평이 아저씨의 재판 현장을 찾아서

🦋 불쾌한 주거 환경에 시달리던 불평이 아저씨가 재판을 신청했습니다. 여러분이 판사가 되어, 어떤 *판결을 내릴지 생각하고 다음 판결문을 완성해 봅시다.

판 결 문

불평이 아저씨는 원래 마음씨 좋은 사람으로 소문이 나 있었다. 그런데 아침부터 저녁 잠자리에 들 때까지 소음, 지독한 냄새, 흙탕물이 나오는 수돗물 때문에 고통을 받게 되었다. 결국, 마음씨 좋았던 아저씨는 불평 많은 아저씨가 되었고, 이사를 가고 싶다는 생각으로 하루하루를 힘겹게 보냈다. 이에 환경법을 어긴 모든 사람들에게 다음과 같은 벌을 내린다.

1 소음을 낸 위층 사람들은 _____

2 지독한 냄새를 낸 쓰레기 소각장은 _____
_____

3 수도 공사를 마치지 못한 쇼핑 센터는 _____
_____

우리들 세상 세상에, 이런 법이!

🦋 내 마음대로 법을 만들 수 있다면 어떤 법을 만들고 싶은지 자유롭게 써 봅시다.

_____
_____

* 판결 : 법원이 옳고 그름이나 선악을 판단하여 내린 결론.

아하! 상식  우리에게 꼭 필요한 법

🦋 다음 〈보기〉에 제시된 법의 종류와 그에 대한 설명을 읽고, 아래의 그림은 어떤 법을 어긴 것인지 각각 써 봅시다. 그리고 각각의 상황을 해결해 줄 방법을 자유롭게 상상하여 써 봅시다.

> **보기**
> - 저작권법 : 각자의 창의성에 의해 탄생된 글, 그림, 노래, 사진 등을 보호하기 위한 법이다.
> - 도로 교통법 : 횡단보도는 어떻게 이용하는지, 자동차는 얼마 이상 속도를 내면 안 되는지, 어린이 보호 구역에서는 어떻게 해야 하는지 등 안전하고 편안한 교통 생활을 위해서 만들어진 법이다.
> - 소비자 보호법 : 어떤 물건을 사거나 서비스를 받은 소비자를 보호해 주는 법이다.
> - 청소년 보호법 : 청소년을 사회의 나쁜 환경으로부터 보호하고 올바른 성인으로 자라날 수 있도록 하기 위한 법이다.

상황	어긴 법	해결 방법
1		
2		
3		

톡톡 독서 감상문 : 이 책을 읽어 봐

「리틀 변호사가 꼭 알아야 할 법 이야기」를 읽고, 가장 기억에 남는 법을 예로 들면서 친구들에게 이 책을 소개하는 발표문을 써 봅시다.

「리틀 변호사가 꼭 알아야 할 법 이야기」를 읽고

토론 활동

생각 활짝 축구를 잘 하면?
생각 주렁주렁 토론하기
생각 또박또박 내 의견 정리하기
룰루랄라 글쓰기 낱말과 문장을 알아봐요
　　　　　　　　요약해 봐요

국위 선양을 한 운동 선수에게 혜택을 주어도 될까요?

학습 주제
- '국위 선양을 한 운동 선수에게 혜택을 주어도 되는가'에 대해서 내 생각을 정리하고 친구들과 토론한다.
- 「리틀 변호사가 꼭 알아야 할 법 이야기」에 나오는 낱말을 이용하여 문장을 만들어 보고, 이야기글을 요약하는 방법을 안다.

축구를 잘 하면?

🦋 다음 만화를 보고, 특례법에 대해서 생각해 봅시다.

- 병역 면제란 무엇인가요?
- 남다른 재능으로 우리 나라를 세계적으로 자랑스럽게 만들어 주면 군대에 안 가도 될까요?
- 특례법에 대해 생각해 봅시다.

🦋 '권리'와 '의무'에 대한 내 머릿속 생각을 꺼내어 생각 그물을 자유롭게 짜 봅시다.

권 리

의 무

국위 선양을 한 운동 선수에게 혜택을 주어도 될까요?

"혜택을 주어야 해요."

제 이름은 김유나입니다. 저는 국위 선양을 한 운동 선수에게 혜택을 주어야 한다고 생각합니다.

우리 나라를 세계에 널리 알린 운동 선수에게 병역의 의무를 면제시켜 주는 것은 당연합니다. 왜냐 하면, 세계적으로 널리 알려진 운동 선수들을 통해서 외국인들에게 우리 나라의 이미지를 좋게 심어 줄 수 있고, 이는 우리 나라 상품을 광고하는 데에 도움을 줄 수 있기 때문입니다.

예를 들어, '2002년 월드 컵'에서 좋은 경기를 보여 준 '박지성'이라는 유명한 축구 선수가 있습니다. '2002년 월드 컵'에서 우리 나라 국가 대표 선수들이 16강 이상의 성적을 거두자, 국가는 그들의 병역을 면제해 주었습니다. 만약 이러한 병역 특례가 없었다면, 박지성은 군대에 가야 했을 것이고, 그러면 세계적으로 유명한 축구 팀에서 뛸 수 있는 기회를 쉽게 잡지 못했을 것입니다. 박지성 선수가 유럽 축구 팀에서 좋은 경기를 보여 주어서 우리 나라의 이미지를 유럽에 좋게 심어 주게 되었고, 우리 나라의 상품을 광고하는 데 큰 효과를 보고 있습니다.

그러므로 국위 선양을 한 운동 선수에게 병역 면제의 혜택을 주어야 한다고 생각합니다.

* **국위 선양** : 조국을 널리 알려 국가의 위엄을 높임.

1 유나의 주장은 무엇인가요?

----

2 유나가 1번과 같이 주장하는 이유를 찾아서 밑줄을 그어 보세요.

3 유나의 주장을 뒷받침할 수 있는 이유를 더 들어 보세요.

"혜택을 주면 안 돼요."

제 이름은 강재민입니다. 김유나 학생은 '국위 선양을 한 운동 선수에게 혜택을 주어야 한다.'고 주장하였는데, 저는 이 의견에 반대합니다.

'*만인은 법 앞에 평등하다.'는 말이 있습니다. 모든 사람들은 차별받지 않고 평등한 대우를 받아야 하며, 이를 법으로 보호해야 한다는 뜻입니다. 그런데 운동 선수에게만 병역을 면제해 주는 것은 불공평한 일입니다.

정신과 신체가 건강한 18세 이상의 남자라면 군대에 가서 국가를 지켜야 하며, 이는 반드시 지켜야 할 우리 나라의 법입니다. 그런데 남다른 특기를 가지고 국위 선양을 했다는 이유로 군대에 가지 않는 것은 불공평한 일입니다. 이렇게 되면, 특별한 재능을 가진 사람만이 국가적으로 중요하고, 그렇지 않은 대다수의 사람들은 국가적으로 중요하지 않다는 것과 다름없습니다. 한 나라를 움직이는 것은 특별한 재능을 가진 사람이 아니라, 대다수의 평범한 사람들입니다. 이렇게 특별한 재능을 가진 사람과 그렇지 않은 사람을 나누어서 차별하는 것은 옳지 않습니다.

그러므로 국위 선양을 한 운동 선수에게 혜택을 주어서는 안 된다고 생각합니다.

* 만인 : 모든 사람.

1 재민이의 주장은 무엇인가요?

------

2 재민이가 1번과 같이 주장하는 이유를 찾아서 밑줄을 그어 보세요.

3 재민이의 주장을 뒷받침할 수 있는 이유를 더 들어 보세요.

🦋 내 의견을 정리하고, 나와 반대 되는 친구의 의견도 정리해 봅시다.

 **토론거리 – 국위 선양을 한 운동 선수에게 혜택을 주어도 될까요?**

	혜택을 주어야 한다.	혜택을 주면 안 된다.
의견 쓰기 (한 문장으로 쓰세요.)		
그렇게 결정한 이유		
이유에 대한 자세한 설명 (예를 제시하면 좋아요.)		
전체 내용 정리하기		

 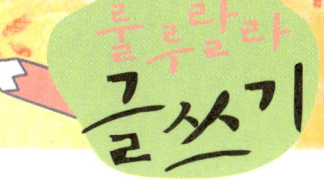

낱말과 문장을 알아봐요

🦋 다음 종이에 적힌 뜻에 해당하는 낱말을 〈보기〉에서 찾아, 알맞은 곳에 각각 써 봅시다.

보기

보존, 소음, 심정, 훼손, 엉망진창, 투덜투덜

1 엉망진창 — 일이나 사물이 헝클어져서 갈피를 잡을 수 없을 만큼 망가지거나 어수선한 상태.

2 심정 — 마음속에 품고 있는 생각이나 감정.

3 소음 — 불규칙하게 뒤섞여 불쾌하고 시끄러운 소리.

4 훼손 — 헐거나 깨뜨려 못 쓰게 만듦.

5 투덜투덜 — 남이 알아듣기 어려운 정도의 낮은 목소리로 자꾸 불평을 하는 모양.

6 보존 — 잘 보호하고 간수하여 남김.

🦋 위에서 배운 낱말을 두 개씩 넣어 문장을 만들어 봅시다.

1 보존, 훼손 : _____

2 소음, 투덜투덜 : _____

3 심정, 엉망진창 : _____

🦋 다음 〈보기〉는 헌법에 정해진 국민의 '기본권'입니다. 아래 설명에 해당하는 기본권을 〈보기〉에서 골라 알맞은 곳에 각각 써 봅시다.

생존권, 자유권, 참정권, 청구권, 평등권

1. 신분이나 종교, 성별, 지역 등을 이유로 차별받지 않을 권리이다. (　　　　　)

2. 국민이 국가 권력으로부터 생명, 신체, 재산, 종교 등의 자유를 보장받기 위해 필요한 권리이다.
 (　　　　　)

3. 국민이 자신의 권리를 침해받았을 때 도움을 청할 수 있는 권리이다. 만약 누군가로부터 어떤 피해를 입었을 때, 법원에 재판을 요청할 수 있는 권리가 여기에 속한다.
 (　　　　　)

4. 국민이 국가의 일에 참여할 수 있는 정치적인 권리이다. 대통령이나 국회 의원을 뽑을 수 있는 선거권, 그리고 국회 의원 선거에 나갈 수 있는 피선거권 등이 여기에 속한다.
 (　　　　　)

5. 국민이 인간으로서 누려야 할 최소한의 생활을 국가로부터 보장받을 수 있는 권리이다. 교육을 받을 권리, 좋은 환경에서 살 권리, 내가 원하는 직업을 가질 권리 등이 여기에 속한다.
 (　　　　　)

🦋 다음 제시된 낱말 뜻을 보고, '권리'와 '의무'에 해당하는 예를 각각 써 봅시다.

권리	의무
어떤 일을 행할 때 당연히 요구할 수 있는 힘이나 자격.	우리에게 어떤 것을 하라고 하거나, 또는 하지 말라고 부담 지우는 것.

1. 권리 : _____

2. 의무 : _____

128 리틀 변호사가 꼭 알아야 할 법 이야기

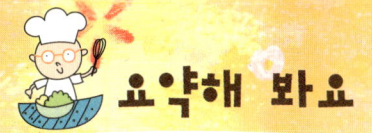

요약해 봐요

이야기글을 요약할 때에는 글의 짜임을 생각하여 문단을 나누고, 각 문단의 중심 내용을 정리합니다. 그리고 각 문단의 중심 내용을 합하여 전체 이야기의 줄거리를 파악합니다.

🦋 다음 글을 읽고, 물음에 답해 봅시다.

> 어느 날, 참새가 새끼들과 함께 살 집을 짓기 위해 나무를 고르고 있었다. 마침 굴 밖으로 머리를 내밀고 있다 이 모습을 본 두더지는 참새를 *골탕먹이고 싶었다. 두더지는 *둥치가 썩어 들어가는 나무를 가리키며 말했다.
>
> "참새야, 저 나무보다는 이 나무에 집을 짓는 것이 좋겠다. 집을 지을 터도 만들어져 있잖아?"
>
> 두더지가 가리키는 나무는 정말 집을 지을 터가 만들어져 있었다. 둥치가 썩어 들어가는 것이 마음에 걸리기는 했지만, 참새는 편하게 집을 짓고 싶었다.
>
> 집을 다 지은 참새가 새끼들을 데리러 간 사이, 둥치가 썩은 나무는 참새가 집을 짓느라고 움직인 충격을 이기지 못하고 부러지고 말았다. 두더지굴도 쓰러진 나무 때문에 막혀 버렸다.
>
>
>
> * **골탕먹이다** : 한꺼번에 크게 손해를 입히거나 낭패를 당하게 만들다.
> * **둥치** : 큰 나무의 밑동.

1 이 글을 세 문단으로 나누고, 각 문단의 처음과 끝 낱말에 ○해 보세요.

2 이 글의 내용을 두세 문장으로 요약해 보세요.

_____

_____

3 이 글을 읽고 느낀 점(배운 점)을 써 보세요.

_____

다음 글을 읽고, 글 (가)~(라)의 중심 문장을 찾아 밑줄을 그어 봅시다. 그리고 밑줄 그은 내용을 바탕으로 전체 내용을 두세 문장으로 요약해 봅시다.

(가) 옛날, 어느 곳에 어머니와 두 아들이 살고 있었습니다. 큰아들은 부채 장사를 하고, 작은아들은 나막신 장사를 하였습니다.

(나) 며칠 동안 비가 내리다 갠 어느 날이었습니다. 이웃집 아주머니가 놀러 왔습니다.

"오랜만에 날이 개니 이제 살 것 같지요?"

이웃집 아주머니가 이렇게 인사를 하였습니다.

"날이 개어 좋기는 한데 걱정이 하나 있다오. 우리 작은아들이 나막신 장사를 하지 않소? 이렇게 날이 개면 나막신이 잘 안 팔리게 되니 그것이 걱정이라오."

(다) 비가 내리는 어느 날, 이웃집 아주머니가 또 놀러 왔습니다.

"해가 쨍쨍 내리쬐다가 비가 오니 시원해서 좋지요?"

"아니에요. 조금도 시원하지가 않아요. 비가 내리니 걱정이에요."

"아니, 또 무슨 걱정이에요?"

"우리 큰아들이 부채 장사를 하지 않소? 이렇게 비가 내려 날이 선선하면 어느 누가 부채를 사겠습니까?"

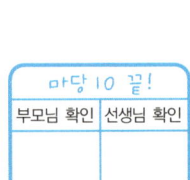

(라) "날이 개도 걱정이고 비가 와도 걱정이군요."

"어쩌겠습니까? 난 두 아들 걱정에 밤잠을 설친답니다."

그러자 이웃집 아주머니가 말하였습니다.

"좋은 생각이 있어요. 이렇게 생각하시면 걱정이 싹 사라질 거예요."

"그게 뭔데요?"

"날이 개면 큰아들의 부채가 잘 팔리니 좋고, 날이 흐려 비가 내리면 작은아들의 나막신이 잘 팔리니 좋다고 생각해 보세요."

"정말 그렇군요. 내가 왜 그렇게 생각하지 못하고 밤낮 걱정을 했을까요?"

그 뒤부터 어머니는 걱정 없이 살았답니다.

– '생각 나름' –

마당 II 「리틀 변호사가 꼭 알아야 할 법 이야기」를 읽고

주제 활동

생각 활짝 미래의 법정
생각 주렁주렁 학교 주변에도 법이 있어요
늘어나는 사이버 범죄
지구의 환경을 보호하는 법
생각 또박또박 통합 교과 논술 문제
나도 영재 배부른 원숭이

법

학습 주제
- '법'과 관련된 여러 가지 글을 읽고, 법에 대해 생각해 본다.
- 「리틀 변호사가 꼭 알아야 할 법 이야기」를 읽고, '환경법'을 주제로 통합 교과 논술 문제를 풀어 본다.

미래의 법정

🦋 미래의 법정은 어떤 모습일까요? 다음 만화를 보면서 상상해 봅시다.

학교 주변에도 법이 있어요

　법은 우리 생활 곳곳에 숨어 있습니다. 초등 학생인 여러분이 가장 많은 시간을 보내는 곳은 학교이지요? 여러분이 생활하는 학교 주변에도 법이 있답니다.

　학교 근처에서 '어린이 보호 구역(스쿨 존 ; School Zone)'이라는 표지판을 본 적이 있을 것입니다. 어린이 보호 구역이란, 초등 학교 및 유치원 정문에서 300m 이내의 거리를 보호 구역으로 지정하여 아이들이 안전하게 학교와 유치원을 다닐 수 있게 해 주는 제도입니다. 어린이 보호 구역에는 교통 표지판, *과속 방지턱 등이 설치되어 있고, 이 곳에서 자동차는 30*km/h 이상 속도를 내서는 안 됩니다.

　또한, '학교 환경 위생 정화 구역'을 두어 유치원과 초등 학교 뿐만 아니라, 중·고등 학교, 특수 학교, 대학 등의 *보건·*위생 및 학습 환경을 보호하고 있습니다. 이 제도에 따라 학교 주변에는 *도축장, *화장장, *폐기물 처리 시설 등이 들어올 수 없습니다.

　이처럼 미래의 꿈나무인 여러분을 보호하기 위한 법이 학교 주변 곳곳에 숨어 있습니다. 그리고 여러분은 법의 보호 덕분에 안전한 학교 생활을 할 수 있답니다.

▲ 과속 방지턱

* **과속 방지턱** : 차가 달리는 속도를 강제로 낮추기 위하여 도로에 설치하는 턱.
* **km/h** : 한 시간 당 1km를 갈 수 있는 속도의 단위.
* **보건** : 건강을 온전하게 잘 지킴.
* **위생** : 건강에 유익하도록 조건을 갖추거나 대책을 세우는 일.
* **도축장** : 고기를 얻기 위하여 소나 돼지 따위의 가축을 잡아 죽이는 곳.
* **화장장** : 시체를 화장하는 시설을 갖추어 놓은 곳.
* **폐기물** : 못 쓰게 되어 버리는 물건.

1 이 글에서 학교 주변의 환경을 보호하기 위해서 만든 제도를 모두 찾아 쓰세요.

_____

_____

2 어린이를 보호하기 위해 만들어야 할 법이나 제도를 자유롭게 상상하여 말해 보세요.

늘어나는 *사이버 범죄

민수는 집에 오면 컴퓨터 게임에 푹 빠져 시간 가는 줄 모르고 게임을 합니다. 어느 날, 게임 아이템을 사려고 하던 민수는 게임 머니가 부족한 것을 알게 되었습니다. 민수는 친한 친구인 승민이에게 전화를 해서 *해킹 프로그램을 설치하는 방법을 알게 되었고, 해킹 프로그램을 통해 다른 사람의 게임 아이템을 훔쳐 게임을 하였습니다.

대부분의 사람들은 컴퓨터 게임을 하는 가상 공간에서 다른 사람의 게임 아이템을 훔치는 일을 범죄라고 생각하지 않습니다. 그러나 민수의 행동은 뚜렷한 범죄 행위입니다. 가상 공간도 현실 공간과 마찬가지로 개인의 *소유권이 인정되기 때문입니다. 다른 사람이 소유한 게임 아이템을 훔쳤으니 당연히 벌을 받아야 하는 것입니다.

이러한 사이버 범죄에는 '해킹', *'바이러스 퍼뜨리기', '프로그램 불법 복제', '불법 사이트 운영', '개인 정보 *침해' 등이 있습니다. 그리고 사이버 범죄를 저지르면, '정보 통신망 이용 촉진 및 정보 보호 등에 관한 법률', '형법', '전기 통신 기본법', '통신 비밀 보호법', '저작권법' 등에 의해 처벌을 받게 됩니다.

* **사이버** : '가상' 또는 '공상'이라는 뜻. 일상적인 낱말에 '컴퓨터', '전자', '온라인'의 의미를 더할 때 주로 덧붙여 씀.
* **해킹** : 남의 컴퓨터 시스템에 침입하여 장난이나 범죄를 저지르는 일.
* **소유권** : 물건을 전면적·일반적으로 지배하는 권리.
* **바이러스** : 컴퓨터를 비정상적으로 작용하게 만드는 프로그램.
* **침해** : 침범하여 해를 끼침.

1 이 글을 읽고, '사이버 범죄'가 무엇인지 한 문장으로 써 보세요.

_____

2 내가 만약 판사라면, 이 글의 민수에게 어떤 판결을 내릴지 상상하여 말해 보세요.

지구의 환경을 보호하는 법

우주선을 타고 우주로 나가면 아름다운 파란별, 지구를 볼 수 있습니다. 여러분은 100년 후 지구의 모습이 어떨지 상상해 본 적이 있나요? 지금처럼 바다가 오염되고, 공기가 오염되는 현상이 계속 된다면 아름다운 파란별, 지구를 볼 수 없을지도 모릅니다.

지구의 환경을 오염시키는 사람들은, 지구는 우리 것이니까 우리 마음대로 훼손해도 된다는 생각을 하고 있습니다. 그러나 지구는 인간의 것이 아니며, 그 누구도 소유할 수 없는 거대한 자연의 일부입니다. 또한, 지구는 우리의 조상들이 살아왔고, 우리가 살아가고 있으며, 우리의 후손들이 앞으로 살아가야 할 삶의 터전입니다. 따라서 우리는 후손들에게 깨끗한 지구를 물려주어야 할 책임이 있습니다. 그래서 전세계 사람들이 지구의 환경을 잘 보전하기 위하여 만든 법이 바로 '국제 환경법'입니다.

'국제 환경법'에는 물의 오염, 공기의 오염, 토양의 오염, 우주 공간의 오염 등을 막기 위한 다양한 규칙들이 있습니다. 전세계 사람들이 모두 '국제 환경법'을 지킬 때 비로소 살기 좋은 환경을 만들고, 아름다운 지구를 지킬 수 있을 것입니다.

1 전세계 사람들이 공기가 오염되는 것을 막기 위한 노력을 하지 않는다면 지구는 어떻게 될지 예를 들어 써 보세요.

2 「리틀 변호사가 꼭 알아야 할 법 이야기」의 불평이 아저씨를 통해 살펴본 '환경법'과 이 글의 '국제 환경법'의 공통점과 차이점을 말해 보세요.

마당 11 주제 활동 135

🦋 다음 글 (가)와 (나)를 읽고, 국내와 국제 환경법을 잘 지켜야 하는 이유와 환경을 보전하기 위해서 내가 실천할 수 있는 일이 무엇인지 써 봅시다.

(가) '으아, 불평이 아저씨네 집은 정말 엉망진창이로군!'

하루 종일 시끄러운 소음과 지독한 냄새에 시달려야 하고, 깨끗한 물도 제대로 쓸 수 없을 뿐더러 햇볕도 잘 들지 않는다고 하니 말이야.

어때? 아저씨가 투덜거리며 하루를 보낼 만하다고 생각하지 않니? 불평이 아저씨도 아마 처음부터 불만이 많은 사람은 아니었을 거야. 이렇게 나쁜 환경 속에서 살아가다 보니 자기도 모르게 그렇게 된 거겠지.

사람들은 누구나 좋은 환경에서 살아가고 싶어해. 조용하며, 맑은 공기와 깨끗한 물을 맘껏 마실 수 있는 곳.

'환경이 사람을 만든다.'는 말이 있어. 나를 둘러싼 환경은 내가 살아가는 데 아주 커다란 영향을 미친다는 뜻이야. 몸의 건강은 물론이고 정신 건강에도 말이야. 그래서 환경이 중요한 거란다.

이렇게 중요한 환경과 관련된 모든 일을 다루는 법이 환경법이야. (중략)

환경법은 생활 환경 보전에 관한 법, 자연 환경 보전에 관한 법, 국토 이용에 관한 법, 그리고 에너지와 관련된 법 등으로 나눌 수 있단다.

생활 환경 보전과 관련된 법은 '불평이 아저씨'를 떠올리면 쉬울 거야. 소음과 공기 오염, 그리고 물과 관련된 법, 쓰레기를 포함한 각종 폐기물과 관련된 법 등이 여기에 속하지.

자연 환경 보전에 관한 법은 말 그대로 자연 환경을 잘 보전하기 위한 법이라고 보면 돼. *습지를 보호하고 야생 동물을 보호하고 국립 공원과 같은 자연 공원을 보호하기 위해 필요한 것들을 다루고 있어.

– 노지영, 「리틀 변호사가 꼭 알아야 할 법 이야기」에서 –

(나) 우주선을 타고 우주로 나가면 아름다운 파란별, 지구를 볼 수 있습니다. 여러분은 100년 후 지구의 모습이 어떨지 상상해 본 적이 있나요? 지금처럼 바다가 오염되고, 공기가 오염되는 현상이 계속 된다면 아름다운 파란별, 지구를 볼 수 없을지도 모릅니다.

지구의 환경을 오염시키는 사람들은, 지구는 우리 것이니까 우리 마음대로 훼손해도 된다는 생각을 하고 있습니다. 그러나 지구는 인간의 것이 아니며, 그 누구도 소유할 수 없는 거대한 자연의 일부입니다. 또한, 지구는 우리의 조상들이 살아왔고, 우리가 살아가고 있으며, 우리의 후손들이 앞으로 살아가야 할 삶의 터전입니다. 따라서 우리는 후손들에게 깨끗한 지구를 물려주어야 할 책임이 있습니다. 그래서 전세계 사람들이 지구의 환경을 잘 보전하기 위하여 만든 법이 바로 '국제 환경법' 입니다.

'국제 환경법'에는 물의 오염, 공기의 오염, 토양의 오염, 우주 공간의 오염 등을 막기 위해 다양한 규칙들이 있습니다. 전세계 사람들이 모두 '국제 환경법'을 지킬 때 비로소 살기 좋은 환경을 만들고, 아름다운 지구를 지킬 수 있을 것입니다.

* **습지** : 습기가 많은 축축한 땅.

주의 사항

1. 국내와 국제 환경법을 잘 지켜야 하는 이유에 대해 쓰세요.
2. 환경을 보존하기 위해서 내가 실천할 수 있는 일을 두 가지 이상 쓰세요.
3. 처음, 가운데, 끝이 드러나게 800자 내외로 쓰세요.(띄어쓰기도 포함.)

 ## 문제를 해결해 봐요

1 글 (가)에서 '환경이 사람을 만든다.'는 말은 무슨 뜻인가요?

2 글 (가)를 참고하여, 국내의 '환경법'을 지키지 않으면 우리의 삶은 어떻게 될지 상상하여 써 보세요.

3 글 (나)를 참고하여, '국제 환경법'을 지키지 않으면 지구는 어떻게 될지 상상하여 써 보세요.

4 2, 3번을 정리하여 국내와 국제 환경법을 지켜야 하는 이유에 대해 써 보세요.

5 환경 보전을 위해서 내가 실천할 수 있는 일을 두 가지 이상 써 보세요.

6 위의 내용을 정리하여 개요표에 써 보세요.

구분	내용
처음	
가운데	
끝	

글을 써 봐요

● 학년/이름 ＿＿＿＿＿＿＿

🦋 작성한 개요를 바탕으로 아래의 원고지에 글을 써 봅시다.

평가표

구 분		내 용	참 잘했어요	잘했어요	노력하세요
내용 (이해력)		1. 국내와 국제 환경법을 지켜야 하는 이유에 대해 썼나요?	썼다		안 썼다
		2. 환경을 보전하기 위한 실천 방법을 썼나요?	두 가지 이상 썼다	한 가지만 썼다	안 썼다
구성 (논리력)	표현	'처음-가운데-끝'의 세 부분으로 나누어 썼나요?	세 부분	두 부분	한 부분
	내용	1. 처음, 가운데, 끝 부분이 자연스럽게 이어지는 내용으로 구성하였나요?	구성했다		안 했다
		2. 말하려고 하는 것을 앞뒤가 맞게 잘 설명하였나요?	모든 내용이 앞뒤가 잘 맞다	앞뒤가 맞지 않는 내용이 있다	모든 내용이 앞뒤가 맞지 않는다
표현 (표현력)		1. 맞춤법에 어긋난 글자는 없나요?	0개	1~5개	6개 이상
		2. 틀리게 쓴 낱말은 없나요?	0개	1~5개	6개 이상
		3. 글자 수에 맞게 썼나요?	720~880자		그 외
나만의 생각 (창의력)		환경을 보전하기 위해서 내가 실천할 수 있는 일의 이유를 썼나요?	썼다		안 썼다
평가					

더 나은 논술을 위해 여러분이 쓴 내용을 점검해 봅시다. 여러분 스스로 얼마나 잘 썼는지 평가해 보고, 친구들과 부모님, 선생님께 여러분이 쓴 글을 보여 주세요.

마당 11 끝!
부모님 확인	선생님 확인

배부른 원숭이

🦋 다음 글을 읽고, 원숭이 한 마리가 먹은 바나나의 총 개수는 몇 개인지 알아봅시다.
(단, 상자에 처음 들어 있던 바나나의 개수는 100개가 넘지 않아요.)

미현, 근석, 기범이는 상자에 들어 있는 바나나를 4등분하여 $\frac{3}{4}$은 세 사람이 나누어 갖기로 하고, 남은 $\frac{1}{4}$을 두 마리의 원숭이에게 반씩 나누어 주기로 결정하였습니다.

다음 날, 미현이가 혼자 방에 들어가서 상자에 들어 있던 바나나를 4등분하여 미현, 근석, 기범이의 몫인 $\frac{3}{4}$을 상자에 남기고, $\frac{1}{4}$을 원숭이 두 마리에게 반씩 나누어 주었습니다. 원숭이들은 미현이가 준 바나나를 맛있게 먹었습니다.

미현이가 방에서 나가고 얼마 후에 근석이가 방으로 들어왔습니다. 미현이가 바나나를 준 사실을 모르는 근석이는 상자에 들어 있던 바나나의 $\frac{1}{4}$을 원숭이 두 마리에게 반씩 나누어 주었습니다. 원숭이들은 근석이가 준 바나나를 맛있게 먹었습니다.

근석이가 방에서 나가고 나서 이번에는 기범이가 방으로 들어왔습니다. 미현이와 근석이가 바나나를 준 사실을 모르는 기범이는 상자에 들어 있던 바나나의 $\frac{1}{4}$을 원숭이 두 마리에게 반씩 나누어 주었습니다. 원숭이들은 기범이가 준 바나나를 맛있게 먹었습니다.

문제를 풀어 봐요

마당 12 「리틀 변호사가 꼭 알아야 할 법 이야기」를 읽고

과학 탐구 활동

생각 활짝 색이 보이는 원리
생각 주렁주렁 색의 특징
　　　　　　재미있는 색 이야기
생각 또박또박 통합 교과 서술 문제
일상에서 배우는 수학 지금은 몇 시?
귀에 쏙쏙 생각 쑥쑥 듣기 평가
꼬리에 꼬리를 무는 책

색

학습 주제
- '색'이 눈에 보이는 원리와 특징을 안다.
- 「리틀 변호사가 꼭 알아야 할 법 이야기」의 내용을 '색'과 연관시켜서 제시한 통합 교과 서술 문제를 푼다.

색이 보이는 원리

🦋 색이 우리 눈에 보이는 원리에 대해 알아봅시다.

▲ 우리 눈에 보이는 다양한 색깔

물체의 표면에 빛이 닿았을 때 어떤 *파장의 빛이 얼마만큼 반사되는가에 따라 색이 다르게 보입니다. 즉, 물체의 성질에 따라 특정 색깔의 빛만을 반사하여 우리 눈에 들어오기 때문에 색이 다르게 보이는 것입니다.

예를 들어, 딸기는 다른 색 파장의 빛은 모두 흡수하고 빨간색 파장의 빛을 반사하여 우리 눈에 빨간색으로 보이는 것이고, 포도는 다른 색 파장의 빛은 모두 흡수하고 보라색 파장의 빛을 반사하여 우리 눈에 보라색으로 보이는 것입니다.

빛의 파장은 빨간색이 가장 길고, 보라색이 가장 짧습니다. 파장이 긴 색부터 늘어놓으면 빨간색, 주황색, 노란색, 초록색, 파란색, 남색, 보라색의 순서가 됩니다.

* **파장** : 빛은 일정한 고리 모양을 보이며 물결이 출렁이듯이 퍼져 나가는데, 이 때 한 고리 모양의 꼭짓점에서부터 다음 고리 모양의 꼭짓점까지의 거리를 '파장'이라고 함.

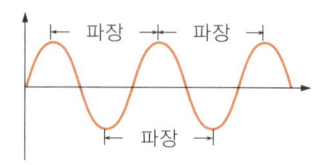

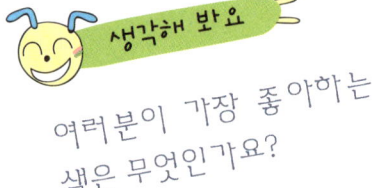

여러분이 가장 좋아하는 색은 무엇인가요?

색의 특징

1. 색의 세 친구들을 만나 봐요

❶ **색상** 빨간색, 노란색, 파란색 등 다른 색과 구별되는 색의 고유한 명칭을 말합니다.

❷ **명도** 색의 밝고 어두운 정도를 말합니다. 색을 섞을 때, 흰색의 양이 많을수록 명도가 높아지고, 검정색의 양이 많을수록 명도가 낮아집니다. 명도는 11단계로 나뉘어지는데 검정색이 '명도 0'이고, 흰색이 '명도 10'입니다.

❸ **채도** 색의 맑고 탁한 정도를 말하며, '순도'라고도 합니다. 채도는 14단계로 나누어지는데 가장 탁한 색이 '채도 1'이고, 가장 맑은 색이 '채도 14'입니다.

2. 색을 나눠 봐요

❶ **무채색** 색상이나 채도는 없고, 명도만 있는 색을 말합니다. 흰색, 회색, 검정색 등이 여기에 속합니다.

❷ **유채색** 무채색 이외에 빨간색, 노란색, 파란색 등의 모든 색을 말합니다. '색의 3요소'인 색상, 명도, 채도를 모두 가지고 있습니다. 또한, 유채색에는 '순색', '청색', '탁색'이 있습니다. '순색'은 채도가 가장 높은 색을 말합니다. '청색'은 순색에 흰색이나 검정색을 섞은 색입니다. 그리고 '탁색'은 채도가 가장 낮은 색으로, 순색에 회색을 섞은 색입니다.

3. 색을 섞어 봐요

❶ **가산 혼합(빛의 혼합)** '빛의 3원색'은 빨간색, 파란색, 녹색입니다. 이 세 가지 색을 모두 섞으면 흰색이 됩니다. 빛은 섞을수록 명도가 높아집니다.

▲ 가산 혼합

❷ **감산 혼합(물감의 혼합)** '물감의 3원색'은 빨간색, 노란색, 파란색입니다. 이 세 가지 색을 모두 섞으면 검정색에 가까운 색이 됩니다. 물감은 섞을수록 명도와 채도가 모두 낮아집니다.

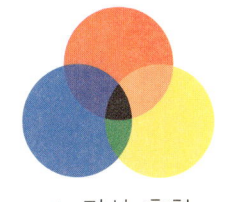
▲ 감산 혼합

재미있는 색 이야기

1. 왜 칠면조는 머리의 피부색이 변할까요?

칠면조는 수컷만 머리의 피부색이 변합니다. 수컷 칠면조 머리의 피부색은 원래 살구색입니다. 그런데 수컷 칠면조가 흥분을 하면 머리의 피부색이 붉은색, 분홍색, 옅은 파란색 등 세 가지 색으로 바뀐다고 합니다. 수컷 칠면조가 흥분을 하면 피가 머리로 몰리게 되고, 그러면 피가 몰린 머리의 피부 색깔이 붉게 보이는 것입니다. 그러다가 흥분이 가라앉으면서 머리의 피부색이 분홍색으로 바뀌었다가 다시 옅은 파란색으로 바뀌고, 결국 원래의 살구색으로 돌아옵니다.

2. 단풍이 드는 이유는 무엇일까요?

단풍이 드는 이유는 식물의 잎에 들어 있는 색소 때문입니다. 가을이 되면 밤이 길어지고, 태양빛은 약해지며, 기온은 떨어집니다. 이 때부터 잎의 밑동에는 얇은 막이 생겨서 잎과 줄기를 연결하는 길이 막혀 버립니다. 그러면 뿌리에서 흡수한 물과 영양분이 나뭇잎에까지 갈 수 없게 됩니다. 이에 따라 잎에 있는 *엽록소가 파괴되면서 단풍이 듭니다.

초록색 색소인 엽록소가 파괴되면 붉은색 색소인 '*안토시안'이 만들어져서 잎의 색깔이 붉은색으로 변합니다. 그리고 '안토시안' 색소를 만들지 못하는 나무들은 '*카로티노이드'를 만들어서 잎을 노랗게 물들입니다. '카로티노이드'는 엽록소가 활발하게 활동할 때에도 잎 속에 들어 있었지만 그 양이 적어서 자기 색깔을 내지 못하였다가, 가을이 되면서 엽록소가 없어지면 겉으로 드러나 잎을 노랗게 물들이는 것입니다.

그런데 단풍의 색깔은 이러한 색소뿐만 아니라 기온, 습도 등의 영향을 받기 때문에 같은 종류의 나무라고 하더라도 그 색깔이 다르게 나타날 수 있습니다. 그리고 상대적으로 비가 적게 내리고, 햇빛이 잘 들지 않으며, 하룻동안 기온의 차이가 큰 곳에서 더 아름다운 단풍이 물든다고 합니다.

3. 왜 타이어는 항상 검정색일까요?

자동차 타이어의 색깔이 항상 검정색인 이유는 타이어를 만들 때 '카본 블랙'이라는 검정색의 물질이 들어가기 때문입니다. 카본 블랙은 석유에서 만들어지는데, 이 물질과 고무가 결합하면 튼튼하고 강한 타이어가 완성됩니다. 카본 블랙의 색은 아주 진한 검정색이기 때문에 타이어뿐만 아니라 검정 잉크나 먹물을 만들 때에도 쓰입니다.

* **엽록소(클로로필)** : 식물이 광합성을 할 때 꼭 필요한 녹색 색소.
* **안토시안** : 식물의 꽃, 잎, 열매 속에 들어 있어서 빨강, 파랑, 초록 등의 빛깔을 내는 색소. 단풍이 들 때 붉은색을 냄.
* **카로티노이드** : 동식물에 널리 분포되어 있는 노란색 또는 붉은색 색소의 한 무리. 단풍이 들 때 노란색을 냄.

실험: 글자가 사라졌어요

준비물
흰 종이, 빨간색 펜, 파란색 펜, 빨간색 셀로판 종이, 파란색 셀로판 종이

실험 방법

① 흰 종이에 빨간색 펜으로 '사랑'을, 파란색 펜으로 '우정'을 쓴다.

② 글자를 쓴 흰 종이 위에 빨간색 셀로판 종이를 올리고 글자를 살펴본다.

③ 글자를 쓴 흰 종이 위에 파란색 셀로판 종이를 올리고 글자를 살펴본다.

결과 및 원리 설명

글자를 쓴 흰 종이 위에 빨간색 셀로판 종이를 올리면, 빨간색 셀로판 종이의 색깔과 파란색 글자의 색깔이 섞여서 우리 눈에는 '우정'이라는 글자가 검게 보입니다. 그리고 '사랑'이라는 글자는 빨간색 셀로판 종이와 같은 색이기 때문에 우리 눈에 보이지 않습니다.

마찬가지로, 글자를 쓴 흰 종이 위에 파란색 셀로판 종이를 올리면, 파란색 셀로판 종이의 색깔과 빨간색 글자의 색깔이 섞여서 우리 눈에는 '사랑'이라는 글자가 검게 보입니다. 그리고 '우정'이라는 글자는 파란색 셀로판 종이와 같은 색이기 때문에 우리 눈에 보이지 않습니다.

다음 글 (가)와 (나)를 읽고, 물음에 답해 봅시다.

(가) "살색 크레파스는 *인종 간의 평등권을 침해하고 인종 차별을 부추긴 점이 인정되어 유죄를 선고한다. 탕탕탕!"

판사의 유죄 선고가 내려지자 살색 크레파스는 살색 눈물을 흘렸어요.

이게 무슨 일이지? 크레파스가 왜 법정에 선 거지?

글쎄, 그런 일이 있었단다. 물론 크레파스가 정말 피고가 되어 법정에 선 건 아니야. 그런데 얼마 전에 살색 크레파스 이야기로 떠들썩했던 적이 있었어. 어떻게 된 일이냐고?

우리 나라에서 살고 있는 외국인 네 명이 *국가 인권 위원회에 *진정서를 낸 거야. 그 중에는 아프리카 가나에서 온 흑인도 있었지. 그 진정서의 내용은 바로 이 '살색'이란 이름에 대한 거였어. 특정 인종의 피부색과 비슷한 색을 살색이라고 정한 것은 차별 행위라고 주장한 거지.

그래서 어떻게 됐냐고? 국가 인권 위원회에서는 크레파스나 물감의 특정한 색을 살색이라고 이름 붙인 것은 잘못이라며 고칠 것을 권했어.

— 노지영, 「리틀 변호사가 꼭 알아야 할 법 이야기」에서 —

(나) 물체의 표면에 빛이 닿았을 때 어떤 파장의 빛이 얼마만큼 반사되는가에 따라 색이 다르게 보입니다. 즉, 물체의 성질에 따라 특정 색깔의 빛만을 반사하여 우리 눈에 들어오기 때문에 색이 다르게 보이는 것입니다.

예를 들어, 딸기는 다른 색 파장의 빛은 모두 흡수하고 빨간색 파장의 빛을 반사하여 우리 눈에 빨간색으로 보이는 것이고, 포도는 다른 색 파장의 빛은 모두 흡수하고 보라색 파장의 빛을 반사하여 우리 눈에 보라색으로 보이는 것입니다.

빛의 파장은 빨간색이 가장 길고, 보라색이 가장 짧습니다. 파장이 긴 색부터 늘어놓으면 '빨간색, 주황색, 노란색, 초록색, 파란색, 남색, 보라색'의 순서가 됩니다.

* **인종** : 인류를 지역과 신체적 특성에 따라 구분한 종류. 백인종, 황인종, 흑인종이 대표적임.
* **국가 인권 위원회** : 모든 개인이 가지는 기본적 인권을 보호하고, 인간의 가치를 실현하기 위해 노력하며, 민주적 기본 질서 확립에 이바지할 목적으로 2001년 11월 탄생한 독립 기구.
* **진정서** : 어떤 문제를 해결하기 위하여 일의 형편이나 까닭을 적은 글. 주로 관공서나 공공 기관에 내는 글을 말함.

1 '살색'에게 새 이름을 지어 준다면 어떤 이름이 좋을지 생각하여 써 보세요.

2 다음 사진처럼 홍당무가 '주황색'으로 보이는 이유를 글 (나)를 참고하여 써 보세요.

3 다음 글자를 쓴 흰 종이 위에 초록색 셀로판 종이를 올리면 어떤 글자가 보일지, 오른쪽 종이에서 알맞은 글자를 골라 ○해 보세요.

어머니 아버지 → 어머니 아버지

지금은 몇 시?

　유민이네 가족은 왜목마을로 여행을 갔습니다. 왜목마을에 도착한 유민이네 가족은 해가 뜨는 광경을 보면서 각자의 소원을 빌었습니다. 그리고 왜목마을을 둘러 보며 재미있는 시간을 보냈습니다. 어느 덧 시간이 흘러 주변이 어두워지기 시작했습니다. 유민이네 가족은 해가 지는 광경도 보기로 결정했습니다. 그런데 왜목마을에서 해가 뜨는 것과 해가 지는 것을 모두 지켜 본 유민이는 궁금한 것이 생겼습니다. 과연 이 날은 낮과 밤 중에서 어느 시간이 더 길까요?

＊ **왜목마을** : 충청남도 당진군에 있으며, 이 곳에서는 해 뜨는 것과 해 지는 것을 모두 볼 수 있음.

낮 시간과 밤 시간의 길이를 비교해 봅시다

하루는 낮과 밤으로 이루어졌습니다. 낮은 해가 뜰 때부터 질 때까지의 동안을 말하고, 밤은 해가 질 때부터 뜰 때까지의 동안을 말합니다. 또한, 하루는 오전과 오후로 나뉘는데 정오(낮 12시)를 기준으로, 자정(밤 12시)부터 정오까지의 12시간을 '오전'이라고 하고, 정오부터 자정까지의 12시간을 '오후'라고 합니다. 그리고 하루는 24시간이며, 1시간은 60분, 1분은 60초입니다.

앞의 만화에서 해가 뜬 시각은 '오전 5시 42분 20초'이고, 해가 진 시각은 '오후 8시 6분 40초'입니다. 그러므로 낮 시간의 길이는 오전 5시 42분 20초부터 오후 8시 6분 40초 사이입니다. 오전과 오후로 나누어 계산하면 쉽게 낮 시간을 구할 수 있습니다. 즉, '오전 5시 42분 20초부터 정오까지'의 시간과 '정오부터 오후 8시 6분 40초까지'의 시간을 각각 계산하여 더하면 됩니다. '오전 5시 42분 20초부터 정오까지'의 시간을 식으로 나타내면 다음과 같습니다.

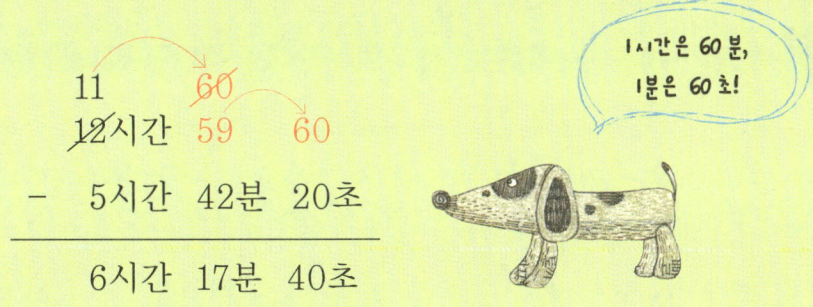

그리고 '정오부터 오후 8시 6분 40초까지'의 시간은 8시간 6분 40초입니다. 따라서 낮 시간의 길이는 '6시간 17분 40초 + 8시간 6분 40초 = 14시간 24분 20초'가 됩니다.

그리고 밤 시간의 길이는 하루 24시간에서 낮 시간의 길이를 빼면 됩니다. 이를 식으로 나타내면 다음과 같습니다.

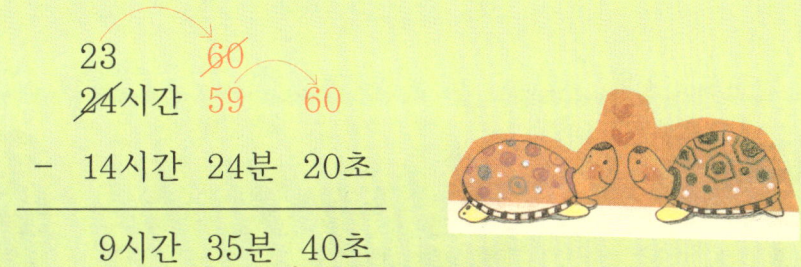

이 날의 낮 시간의 길이는 '14시간 24분 20초'이고, 밤 시간의 길이는 '9시간 35분 40초'입니다. 그러므로 이 날은 낮 시간의 길이가 밤 시간의 길이보다 더 길다는 것을 알 수 있습니다.

마당 12 과학 탐구 활동 151

시계에 대해서 알아봅시다

시계가 없었던 옛날에는 어떻게 시간을 알 수 있었을까요? 고대 사람들은 낮과 밤이 반복되는 것을 통해 날을 세고 달력을 만들었으며, 그림자의 위치가 바뀌는 것을 통해 시간이 지나간다는 것을 알았습니다.

최초의 시계는 태양빛에 의해 생기는 그림자를 이용하여 시각을 표시한 '해시계'입니다. 이집트 사람들은 3000여 년 전부터 해시계를 이용하여 시간을 알았다고 합니다.

▲ 앙부일구

우리 나라에도 1434년에 장영실, 이천, 김조 등이 만든 해시계가 있었습니다. 이 해시계는 '시계판이 가마솥같이 오목하고, 이 솥이 하늘을 우러르고 있다.'고 해서 '앙부일구'라는 이름이 붙여졌습니다. 그 당시 '앙부일구'는 대궐뿐만 아니라 종로 거리에도 설치되어 여러 사람들이 시간을 알 수 있게 한, 우리 나라 최초의 공용 시계였습니다.

그런데 해시계는 날씨가 흐리거나 비가 오면 시간을 잴 수 없습니다. 더욱이 햇빛이 없는 곳에서는 시간을 잴 수 없어서 많이 불편합니다. 그래서 만든 시계가 바로 '물시계'입니다. 물시계는 물을 채운 용기에 작은 구멍을 뚫고 그 구멍으로 물이 빠져나가게 만든 장치입니다. 시간이 지남에 따라 수면이 낮아지는 것으로 시각을 알 수 있는 것입니다. 그러나 물시계는 물이 다 빠지면 다시 물을 채워 넣어야 하고, 겨울에는 물이 얼어버리는 등의 불편함이 있습니다.

이 밖에도 흘러내린 모래의 양에 따라 시간을 재는 '모래시계', 막대나 초에 불을 붙여서 막대가 타는 길이를 보고 시간을 재는 '불시계', *태엽이 풀리면서 시계 바늘을 돌려 시간을 알 수 있게 만든 '태엽시계', 추를 매달아 놓고 추가 일정하게 흔들리는 규칙성을 이용하여 만든 '진자시계' 등이 있습니다.

▲ 모래시계

▲ 태엽시계

▲ 진자시계

* **태엽** : 얇고 긴 강철 띠를 돌돌 말아 그 풀리는 힘으로 시계 따위를 움직이게 하는 장치.

1 경진이네 학교는 오전 9시부터 1교시 수업을 시작합니다. 수업 시간은 40분씩이며, 수업 시간 사이에는 10분의 휴식 시간이 있습니다. 4교시를 마친 후에는 50분의 점심 시간이 있고, 곧바로 5교시 수업을 시작합니다. 경진이가 6교시까지 수업을 들었다면 수업이 모두 끝난 시각은 몇 시일지 풀어 보세요.

문제를 풀어 봐요

2 엘리스가 '이상한 나라'에 도착하여 자신의 손목시계를 보니, 오후 2시 40분이었습니다. 그 곳에서 친구들과 재미있게 놀던 엘리스는 자신의 손목시계를 보고 깜짝 놀랐습니다. 이상한 나라에서는 시계가 거꾸로 돌고 있었기 때문에, 시계의 바늘이 오전 11시 50분을 가리키고 있었던 것입니다. 그렇다면 바깥 세상의 현재 시각은 몇 시일지 풀어 보세요.

문제를 풀어 봐요

듣기 평가

귀에 쏙쏙 생각 쑥쑥

「리틀 변호사가 꼭 알아야 할 법 이야기」를 읽고, 전체 내용을 얼마나 잘 알고 있는지 '듣기 문제'로 확인해 봅시다. 지금부터 선생님께서 들려 주는 이야기를 듣고, 문제를 풀어 봅시다.

[01 ~ 03]

* **사대부**: 양반을 일반 평민층에 상대하여 이르는 말.

01 다음 중 들려 준 이야기의 내용과 맞지 <u>않은</u> 것은 어느 것인가요? ·············(　　)

① 1470년에 조선의 종합 법전이 만들어졌다.
② 우리 나라는 일본의 침략으로 나라를 잃었다가 1945년에 광복을 맞았다.
③ 조선 시대에 남자는 15세, 여자는 14세 되는 해부터 혼인을 할 수 있었다.
④ 조선 시대에 사대부는 아내가 죽은 지 3년이 지나야 다시 장가를 갈 수 있었다.
⑤ 일본의 침략을 받아 나라를 잃었던 동안에도 기존에 있던 우리의 법이 적용되었다.

02 우리 나라 헌법이 탄생된 날의 명칭과 날짜가 바르게 짝지어진 것은 어느 것인가요?
·············(　　)

① 개천절 - 7월 17일　　② 개천절 - 10월 3일　　③ 제헌절 - 7월 17일
④ 제헌절 - 10월 3일　　⑤ 한글날 - 10월 9일

03 다음 빈 곳에 들어갈 알맞은 말을 들려 준 이야기 속에서 찾아 쓰세요.

▲ 성종(1457~1494년)

그 동안 나라를 다스릴 때 통일된 법전이 없어서 그때 그때의 상황에 따라 법을 집행할 수밖에 없었다. 그로 인해 억울한 처벌을 받고 고통을 받은 백성들이 있었던 것도 사실이다. 그러나 이제 모든 법을 통합해 정리한 _____이 완성되었으니, 체계적으로 나라를 다스리는 데 큰 도움이 될 것이다.

[04]

04 이야기를 듣고, '아동 복지법'과 '청소년 보호법'이 만들어진 이유를 써 보세요.

_____

[05]

✱ **질식사** : 숨이 막히거나 산소가 없어서 죽음. / ✱ **화형** : 불에 태워서 죽이는 형벌.

05 이야기를 듣고, 다음 빈 곳에 들어갈 알맞은 말을 써 보세요.

(1)  ㉠ 벌이 재판에 선 이유 : _____

㉡ 벌에게 내려진 판결 : _____

(2)  ㉠ 수탉이 재판에 선 이유 : _____

㉡ 수탉에게 내려진 판결 : _____

[06]

06 우리 가족에게는 어떤 법이 필요할지 자유롭게 생각하여, 다음 〈보기〉처럼 나만의 '가족법'을 여러 조항으로 만들어 보세요.

> **보기**
>
> 아동 복지법 제1조. 이 법은 아동이 건강하게 출생하여 행복하고 안전하게 자라나도록 그 복지를 보장함을 목적으로 한다.
> 아동 복지법 제2조. '아동'이라 함은 18세 미만의 자를 말한다.
> 아동 복지법 제3조. 아동은 자신 또는 부모의 성별, 연령, 종교, 사회적 신분, 재산, 장애 유무, 출생 지역, 인종 등에 따른 어떠한 종류의 차별도 받지 않고 자라나야 한다.

_____

_____

_____

꼬리에 꼬리를 무는 책

■ 법·색

솔로몬 변호사 김병준의 법대로 해라 1, 2

옛날에 '솔로몬'이라는 지혜로운 왕이 살고 있었습니다. 그러던 어느 날, 솔로몬에게 두 여인이 찾아왔습니다. 두 여인은 한 아기를 두고 서로 자신의 아기라며, 솔로몬에게 판결을 내려 달라고 부탁하였습니다. 그러자 솔로몬은 아기를 반으로 갈라 두 여인이 반씩 데려가라고 말했습니다. 그 말을 들은 아기의 진짜 엄마는 너무 놀라 눈물을 흘리며 아기를 죽이지 말라고 애원했고, 솔로몬은 진짜와 가짜 엄마를 구별할 수 있었습니다. 이렇게 지혜로운 솔로몬이 현재에도 있다면 어떨까요? 이 책은 현재의 솔로몬 변호사 김병준과 함께 어린이들의 일상에서 자주 일어나는 사건들을 살펴보는 법률 만화입니다. 주변에서 흔히 겪을 수 있는 사건을 만화로 재미있게 구성한 뒤, 그 내용과 관련된 법 조항과 판례를 알려 줍니다. 솔로몬 변호사와 함께 다양한 법률 상식을 배워 봅시다.

강순예 지음 / iwi 그림 / 대교출판 펴냄

손오공 무법 소탕기 ① 철면피 공장을 파괴하라

이 책은 어린이를 위한 법 교육 만화책입니다. 법에 대해서 아무것도 모르는 '손오공'과 '여의필'이 겪는 재미있는 사건들을 통해, 일상 속에 숨어 있는 법을 만날 수 있습니다. 이 책을 있다 보면 법에 대한 지식과 법의 필요성, 가치 등을 배울 수 있습니다. 또한, 법을 어기면 결국 자신뿐만 아니라 상대방, 그리고 모두에게 더 큰 손해를 줄 수 있음을 알게 됩니다. 더 나아가 다른 사람의 입장에서 생각해 보고 남을 배려하는 마음을 키울 수도 있습니다.

지노 지음 / 박찬섭 그림 / 아울북 펴냄

꼬마 화가 삼총사

이 책은 지루한 여름 방학을 보내고 있던 삼총사 '닉'과 '브루노'와 '로레타'가 할 일 없이 거리를 쏘다니다가 거리에 그려진 그림을 보고 미술에 흥미를 느끼기 시작하면서 벌어지는 유쾌한 이야기를 담은 책입니다. 삼총사는 거리 화가인 '루시 할머니'에게 일 주일에 한 번씩 그림을 배우면서 정물화, 추상화, 풍경화 등을 그려 봅니다. 그림을 그리면 그릴수록 삼총사에겐 놀라운 일이 벌어졌고, 모든 사물이 예전과는 전혀 다르게 보였습니다. 또한, 삼총사는 미술관의 멋진 작품들을 관람하면서 세상을 보는 눈을 키워가게 됩니다.

대니얼 핑크워터 지음 / 유성숙 그림 / 큰북작은북 펴냄

NIE 자료

■18쪽 　　■19쪽 　　■19쪽

■19쪽 　　■19쪽 　　■19쪽

■28쪽 　　■28쪽 　　■28쪽 　　■28쪽

■28쪽 　　■28쪽

NIE 자료　157

NIE 자료

■68쪽(메그)  ■68쪽(조)

■68쪽(베스)  ■68쪽(에이미)

새 교육 과정에 맞춘 자세한 해설 및 배경 지식 수록

논술 논술 논술… 있잖아!
초등 OK 독서논술

OK 통합 논구술 연구소장
장재현 박사 감수

기초편
(4학년)
4

해답과 해설

교육의 길잡이·학생의 동반자
(주) 교학사

차 례

각 활동의 성격 / 2

『달려라 막시』를 학습하기 전에 / 4

마당 1 ~ 마당 4 해답 / 6

『작은 아씨들』을 학습하기 전에 / 14

마당 5 ~ 마당 8 해답 / 16

『리틀 변호사가 꼭 알아야 할 법 이야기』를 학습하기 전에 / 24

마당 9 ~ 마당 12 해답 / 26

[기초편 4호] 해답과 해설

달려라 막시
작은 아씨들
리틀 변호사가 꼭 알아야 할 법 이야기

각 활동의 성격~

🦋 독서 활동

활동명		활동 성격
생각 활짝		본격적으로 필독서를 읽고 학습하기 전에, 이 필독서에 대한 배경 지식을 그림과 함께 습득하는 활동이다.
생각 주렁주렁	생각해 봐요	필독서를 읽으면서 생각해 봐야 할 부분을 자신의 경험과 비교하면서 말해 보는 활동이다.
	확인해 보아요	필독서의 한 부분을 읽고, 주요 내용을 파악한 다음 요약해 보는 활동이다.
	말하고 들어 보아요	필독서의 한 부분을 읽고, 여러 가지로 생각할 수 있는 문제에 대해서 자신의 생각을 조리 있게 말하는 연습을 하는 것은 물론, 다른 친구의 생각도 잘 듣고 요점을 파악할 수 있게 하는 활동이다.
생각 또박또박	NIE 활동	필독서의 주요 부분을 읽은 다음, 신문에 나와 있는 여러 가지 내용으로 꾸민 문제를 풀어 보면서 창의력과 사고력을 키우는 활동이다.

🦋 토론 활동

활동명		활동 성격
생각 활짝		본격적으로 토론을 하기 전에 토론 주제에 대해서 여러 가지 생각을 할 수 있도록 하는 활동이다. 4호에서는 '목표를 이루기 위해 위험한 일을 해야 할까요?, 자신을 희생하면서 남을 돌봐야 할까요?, 국위 선양을 한 선수에게 혜택을 주어도 될까요?'에 대해서 토론한다.
생각 주렁주렁	토론	필독서의 내용 중에서 토론거리가 될 만한 것을 주제로 잡아 찬반양론의 의견을 검토하고, 각각의 의견을 이해하는 활동이다.
생각 또박또박	의견 정리	앞에서 검토한 토론 주제에 대해서 자신의 의견을 정하고 정리해 보는 활동이다. 특히 자신과 반대되는 친구의 의견을 잘 듣고 정리할 수 있도록 했다.

🦋 룰루랄라 글쓰기

활동명	활동 성격
낱말과 문장을 알아봐요	필독서에서 나온 낱말 뜻을 이해하고 그 낱말을 이용하여 문장 만들기를 하는 활동이다.
표현 방법을 알아봐요	필독서의 내용과 관계없이 초등학교 4학년 국어 교과에서 배우는 표현 방법을 학습하는 활동이다. 4호에서는 장소를 나타내는 말에 대해 학습한다.

글의 종류를 알아봐요	필독서의 내용과 관계없이 초등학교 4학년 국어 교과에서 배우는 글의 종류에 대해서 학습하는 활동이다. 4호에서는 독서 감상문에 대해 학습한다.
요약해 봐요	필독서의 내용과 관계없이 초등학교 4학년 국어 교과의 수준에 맞추어서 여러 가지 글을 읽고 요약하기 연습을 하는 활동이다. 4호에서는 문단의 중심 내용을 정리하고, 전체 줄거리를 파악하는 법에 대해 학습한다.

🦋 주제 활동

활동명		활동 성격
생각 활짝		주제에 대해서 본격적으로 학습하기 전에 자유롭게 주제에 대해서 생각할 수 있는 활동이다.
생각 주렁주렁	읽을거리	필독서의 내용과 연관이 있는 주제를 잡아서, 그것에 대해서 생각할 수 있는 여러 가지 읽을거리나 그림을 보고, 그 주제를 이해하는 활동이다. 4호에서는 '용기, 이별, 법'에 대해서 생각해 본다.
생각 또박또박	통합 교과 논술 문제	앞에서 배운 주제를 책의 내용과 연관시켜서 제시한 통합 교과 논술 문제를 풀면서 사고력과 글쓰기 능력을 향상시키는 활동이다.

🦋 과학 탐구 활동

활동명		활동 성격
생각 활짝		본격적으로 주제에 대해서 학습하기 전에 자유롭게 주제에 대해서 생각할 수 있는 활동이다.
생각 주렁주렁	원리 알기	필독서의 내용과 연관이 있는 과학적 내용을 학습하는 활동이다. 이 과학 활동의 내용은 초등학교 과학 교과 과정에서 배우는 것을 기본으로 한다. 4호에서는 '도르래, 눈, 색'에 대해서 학습한다.
생각 또박또박	통합 교과 서술 문제	앞에서 배운 과학 내용을 책의 내용과 연관시켜 제시한 통합 교과 서술 문제를 풀면서 수리 논술과 서술 문제에 대비할 수 있도록 했다.

🦋 논리야 논리야 / 일상에서 배우는 수학 / 귀에 쏙쏙 생각 쑥쑥

활동명	활동 성격
논리 알기	필독서의 내용과 관계없이 초등학교 4학년 수준에서 이해할 수 있는 논리를 학습한다. 4호에서는 '무지의 오류, 흑백 논리의 오류'에 대해서 알아본다.
일상에서 배우는 수학	필독서의 내용과 관계없이 초등학교 수학 교과의 내용 중 하나를 선택하여, 그것의 원리를 흥미롭게 학습한다.
듣기 평가	독서 활동에서 인용되지 않은 필독서의 내용을 듣기 대본으로 하여 객관식과 주관식 및 서술형 문제를 해결하는 활동으로서, 필독서 전체를 읽어야만 문제를 해결할 수 있도록 하였다.

『달려라 막시』를 학습하기 전에

학습 내용

활동명	학습 내용	지도 방법	새 교육 과정
독서 활동	「달려라 막시」의 일부분 읽기	이 교재에 실린 부분만 읽고도 활동할 수 있게 해 놓았다. 그러나 될 수 있으면 학생이 필독서를 다 읽은 다음, 이 활동을 할 수 있도록 한다.	작품에서 느낀 감동을 정리하고 표현할 수 있다. (4학년 국어)
토론 활동	목표를 이루기 위해 위험한 일을 해야 할까요?	토론 주제에 대해 찬반양론의 의견을 검토한 다음, 자신의 의견을 정하도록 한다.	자신과 다른 사람의 생각의 차이를 파악할 수 있다. (4학년 국어)
룰루랄라 글쓰기	낱말과 문장을 알아봐요 / 장소를 나타내는 말을 찾아봐요	「달려라 막시」의 낱말을 익혀서 문장으로 쓸 수 있고, 장소를 나타내는 말을 찾아볼 수 있도록 한다.	문장 성분의 개념을 이해할 수 있다. / 어휘의 적절성을 평가할 수 있다. (4학년 국어)
주제 활동	용기	용기에 대해서 이해하고, 이 주제를 「달려라 막시」와 연결시킨 논술 문제를 풀면서 용기에 대해서 심층적으로 생각할 수 있도록 한다.	옳고 선한 일에 대한 용기 있는 행동을 알 수 있다. (6학년 도덕)
만화로 보는 고사성어	각주구검	고사성어의 유래와 그 뜻을 알고, 일상생활에서 이 낱말을 쓸 수 있도록 한다.	한자어의 개념을 알 수 있다. (6학년 국어)
과학 탐구 활동	도르래	초등학교 4학년 과학 교과에서 배우는 도르래에 대해서 학습한다. 그리고 「달려라 막시」의 내용 중 도르래와 연관된 부분을 읽고 문제를 풀면서 이 주제를 확실히 이해할 수 있도록 한다.	거리와 무게의 관계를 설명할 수 있다. (4학년 과학)
논리야 논리야	구름을 타고 다니는 도사?	만화에서 벌어지는 상황을 이해하고 여기서 발생할 수 있는 '무지의 오류'에 대해 알아보도록 한다.	글쓴이가 제시한 의견의 적절성을 평가할 수 있다. (4학년 국어)
귀에 쏙쏙 생각 쑥쑥	듣기 평가	필독서 전체를 다 읽은 학생에 한하여 듣기 대본을 정확하게 읽어 주고, 다양한 문제를 해결하도록 한다.	설명하는 말을 듣고 중요한 말을 이해한다. (4학년 국어)

전체 줄거리 (밑줄 친 부분은 이 교재에 나와 있는 부분임.)

막시는 커서 모험가가 되는 것이 꿈이다. 하지만 밖에 나가 노는 것보다 방에서 조용히 책을 읽는 것을 좋아한다. 사실 막시는 밖에 나가는 것조차 두려워할 만큼 아주 겁이 많기 때문이다. 그러던 어느 날, 친구 릴리의 손에 이끌려 밖으로 나간 막시는 아버지의 심부름을 하기 위해 서점에 간다. <u>막시는 서점에서 두 아이가 책을 훔치는 것을 목격하고 어쩔 줄 몰라하지만, 릴리는 아이들에게 다가가서 다그친다. 작은 소동이 일어난 사이, 도둑들은 릴리의 외투를 가지고 달아나고, 막시는 외투 주머니 속에 엄마의 핸드폰이 들어 있다는 사실을 알고 당황한다. 막시는</u>

핸드폰을 찾아오겠다고 큰소리를 치고 서점을 나오지만 겁이나 어쩔할 바를 모른다. 막시는 칼데리야에게서 그 도둑들이 몬테로 형제라는 사실을 듣고, 본격적으로 추적을 시작한다. 길을 물어 몬테로 형제가 있다는 시장을 찾아간 막시는, 엄마의 핸드폰을 한 아주머니께 팔려는 몬테로 형제를 목격한다. 막시는 엄마의 핸드폰을 돌려 받으려고 했다가 오히려 도둑이라는 오해를 받는다. 막시는 또 다시 도망친 몬테로 형제를 쫓다가 이번에는 외발의 사나이와 외다리 개, 해적을 만난다. 아저씨와 이야기하면서 막시는 용기를 얻는다. 마침내 몬테로 형제와 마주하게 된 막시는 용기를 내서 핸드폰을 돌려 달라고 말한다. 막시의 용기 있는 행동에 몬테로 형제는 핸드폰을 돌려주고, 셋은 친구가 된다. 그리고 집으로 돌아온 막시는 엄마의 핸드폰을 되찾았다는 뿌듯함을 느끼며 첫 모험을 되새긴다.

주요 등장인물

- **막시** : 모험가가 되고 싶지만 겁이 많아서 밖에 나가는 것보다 집에서 책을 보는 것을 더 좋아하는 아이이다. 도둑맞은 엄마의 핸드폰을 찾기 위한 모험을 계속하면서 용기를 배우게 된다.
- **릴리** : 막시의 가장 친한 여자 친구로, 막시보다 활달하며 용감한 성격이다.
- **'상어 떼' 친구들** : '상어 떼'는 막시와 릴리가 속한 아이들의 모임이다. 용감한 동물인 '상어'를 상징으로 한다. 대장인 칼데리야, 칼데리야의 여자 친구인 벨렌, 벨렌을 좋아하는 하이메 등이 속해 있다.
- **훌리아 아줌마** : 막시와 릴리가 아버지의 심부름으로 들르게 된 서점의 주인으로, 이해심이 많다.
- **몬테로 형제들** : 훌리아 아줌마의 서점에서 물건을 훔치다가 막시에게 들킨 도둑들이다. 릴리의 외투를 들고 도망쳐서 막시를 곤란하게 만든다.
- **외발의 사나이** : 몬테로 형제를 쫓아가는 길에 만난 아저씨로, 막시에게 용기를 준다.
- **해적** : 외발의 사나이와 함께 있는 개로, 다리가 세 개뿐이다. 겉모습은 용맹해 보이지만 사실은 겁이 많다.

피카소

피카소(Pablo Picasso, 1881~1973년)는 1881년 에스파냐의 말라가에서 태어났다. 피카소의 아버지는 시골의 미술 학교 선생님이자 화가였다. 그러한 아버지의 영향으로 피카소는 말을 배우기도 전에 그림을 그릴 줄 알았고, 태어나서 처음으로 '연필'이라는 단어를 사용했다. 피카소는 14세 때에 바르셀로나 론자 미술 학교에 입학했다. 이후 16세까지 에스파냐 미술 학교의 모든 대회를 거의 다 휩쓸어 버렸다. 그리고 19세가 된 1900년에 바르셀로나 뒷골목에 있는 '검은 고양이'라는 선술집에서 첫 전시회를 열었다. 그리고 그 해, 파리로 유학을 갔다. 피카소는 25세가 되자, 회화와 데생뿐만 아니라 조각과 판화에서도 명성을 떨치기 시작했다. 1907년에 완성한 「아비뇽의 처녀들」로 부와 명예를 얻었고, 1973년 프랑스에서 사망하였다.

엘리베이터의 발달

기원전 236년, 고대 그리스의 과학자 '아르키메데스'는 도르래를 이용한 장치를 만들었는데, 이것이 엘리베이터의 시초이다. 이후 엘리베이터는 왕후, 귀족 등의 전유물이 되었다.

제임스 와트의 증기 기관 발명은 엘리베이터의 발달에 큰 변화를 가져왔다. 이제 인력이 아닌 동력으로 화물용, 인원 수송용 엘리베이터를 만들게 된 것이다. 이후, 미국의 '오티스'가 1852년에 엘리베이터 낙하 방지 장치를 발명하였다. 오티스는 다음 해인 1853년에 직접 탑승하여 낙하 시험을 하였고, 그 안정성을 인정받아 엘리베이터 공업을 부흥시켰다.

마당 1 독서 활동

생각 주렁주렁(동화1) – 책방에 도둑이 들었다!

생각해 봐요(10, 11쪽)

- 10쪽 : 예) 겁이 많다. / 소심하다. / 소극적이다 등
  (해설) 막시는 도둑들이 물건을 훔치는 것을 보고도 그 사실을 큰소리로 알리지 못했다. 또한, 도둑들에게 다가가는 릴리에게 작은 목소리로 '위험하다.'고 겨우 말하였다. 이러한 막시의 말과 행동을 통해, 막시가 겁이 많다는 것을 알 수 있다.

- 11쪽 : 예) 친구들끼리 싸우는 것은 잘못된 일이야. / 서로에게 먼저 사과해. / 친구들끼리 왜 싸우니? 서로 조금씩만 더 양보하면 되잖아 등
  (해설) 친구 사이에는 크고 작은 다툼이 생길 수 있다. 그런데 화가 나면 감정이 앞서서 올바른 생각을 할 수 없게 된다. 그때에는 주위에 있는 사람들이 차근차근 설명하고 설득하여 친구들이 화해하도록 도와야 한다.

확인해 보아요(12쪽)

1. 막시는 두 사내아이가 판매대에 놓여 있는 사탕과 조그마한 계산기를 훔치는 것을 보았다.
2. 막시는 도둑이 있다는 사실을 기어 들어가는 목소리로 릴리에게 말했다.
   (해설) 겁이 많은 막시는 문제를 직접 해결하지 못하고, 릴리에게 그 사실을 조그마한 목소리로 말했다.
3. 릴리는 그 사실을 알자마자, 벌떡 일어나 두 사내아이에게 다가가서 '책을 보러 책방에 온 아이 같지 않다.'고 말했다. / 릴리는 두 아이들에게 성큼성큼 다가가서 용감하게 말했다.
   (해설) 릴리는 용감한 소녀이다. 책방에 도둑이 있다는 사실을 알자, 적극적으로 행동하였다. 이러한 릴리와 겁이 많은 막시의 성격을 비교하여 문제를 풀 수 있도록 한다.
4. 사내들은 책방에서 길거리로 나가 건너편 건물 쪽으로 도망쳐 버렸다. / 막시의 등을 후려치고 그 틈을 타서 서점에서 도망쳤다.
   (해설) 막시의 등을 후려친 사람이 누구인지 동화 속에서 확실히 밝히지는 않았지만, 정황을 통해 사내아이 중에서 한 명이라는 것을 알 수 있다.
5. 두 사내아이가 판매대에 놓여 있는 사탕과 조그마한 계산기를 훔치는 것을 보았다. 막시는 이 사실을 기어 들어가는 목소리로 릴리에게 말했다. 그러자 릴리는 두 사내아이에게 다가가서, '책을 보러 책방에 온 아이 같지 않다.'고 말했다. 릴리가 몰아세우자, 두 사내아이 중 한 명이 막시의 등을 후려쳤고, 두 사내아이는 책방에서 도망쳐 버렸다.

말하고 들어 보아요(13쪽)

- 내 생각 : 예) 주인 아주머니께 도둑이 있다고 빨리 알린다. / 경찰에 신고한다. / 아이들에게 다가가, 책을 훔치는 것은 나쁜 짓이라고 말해 준다. / '도둑이야!'라고 큰소리로 외친다. / 너무 무서워서 책방에서 나와 버린다 등

- 친구 생각 : 예) 릴리에게 도둑이 있다는 것을 빨리 아주머니께 말씀 드리라고 한 후, 아이들에게 말을 걸어 도망가지 못하도록 붙잡아 놓는다. / 릴리가 아이들에게 말을 거는 동안 아주머니께 가서 도둑이 있다고 말한다. / 아이들이 도망가지 못하도록 먼저 문을 막고, 큰소리로 아주머니께 알린다.
  (해설) 겁쟁이 막시는 도둑을 보고도 선뜻 나서지 못하였다. 만약 내가 막시라면, 도둑을 보았을 때 어떻게 행동할지를 생각해 보게 한다.

생각 주렁주렁(동화2) – 엄마의 핸드폰을 되찾은 막시

생각해 봐요(14, 15쪽)

- 14쪽 : 예) 아버지와 등산을 갔다가 산에서 '야호' 하고 소리를 질렀더니, 건너편 산에서 메아리가 들렸다. / 설악산에 올라가서 노래를 불렀더니 메아리가 들렸다 등

- 15쪽 : 예) 놀이 동산으로 소풍을 갔는데 친구들이 바이킹을 타자고 했다. 무서워서 망설였지만 용기를 내서 타 보았다. / 여름 방학 때, 과학 캠프에서 개구리 해부 실험을 하였다. 무섭고 징그러웠지만 꾹 참고 실험을 하였다 등
  (해설) 처음에는 낯설고 무서운 일이라도 그것에 용기를 내어 도전한다면 두려움을 극복할 수 있다. 학생이 두려워하는 것이 무엇인지 묻고, 이를 극복할 수 있는 방법에 대해 생각해 보게 한다.

확인해 보아요(16쪽)

1. 막시는 곧바로 그 아이들을 쫓아가기 시작했다.
2. 엄마 핸드폰을 돌려받기 위해서이다.
3. 막시는 "스무 명이라도 상관없어!"라고 큰소리로 말했다.
   (해설) 막시는 엄마의 핸드폰을 되찾기 위해 용기를 내었다. 막시가 겁쟁이에서 용감한 아이로 변화하는 과정을 함께 살펴본다.
4. 몬테로 형제는 막시에게 핸드폰을 돌려주었다.

5. 막시의 용감한 모습에 자신들의 잘못을 뉘우쳤기 때문이다. / 막시가 만만한 상대가 아니라고 생각했기 때문이다. / 엄마의 핸드폰을 돌려받고 싶어하는 막시의 간절한 마음이 전해졌기 때문이다 등

(해설) 몬테로 형제가 막시에게 핸드폰을 돌려준 이유가 무엇인지 내용을 통해 생각해 보게 한다.

6. 곧바로 그 아이들을 쫓아가기 시작했다. 몬테로 형제를 따라잡은 막시는 엄마 핸드폰을 돌려 달라고 당당하게 말했다. 몬테로 형제는 "우리는 둘이고 너는 혼자야."라고 위협하였으나 막시는 "스무 명이라도 상관없어"라고 큰소리로 말했다. 그러자, 몬테로 형제는 막시에게 핸드폰을 돌려주었다.

말하고 들어 보아요(17쪽)

■ 내 생각 : (예) 몬테로 형제에게 다시는 도둑질을 하지 않겠다는 약속을 받아 낸다. / 몬테로 형제를 용서해 주고, '상어 떼'에 들어 와서 함께 놀자고 말한다. / 몬테로 형제의 부모님이나 친척을 찾아가서 두 형제가 도둑질을 했음을 알려 드린다. 그리고 다시는 도둑질을 하지 못하게 해 달라고 말씀 드린다 등

■ 친구 생각 : (예) 몬테로 형제는 핸드폰을 훔쳤으므로 경찰에 신고한다. / 몬테로 형제에게 다시는 도둑질을 하지 말라고 따끔하게 야단을 쳐 준다. / 몬테로 형제를 용서해 주고, 친구가 되자고 말한다 등

(해설) 막시의 입장이 되어 생각해 보는 문제이다. '몬테로 형제가 막시에게 핸드폰을 돌려 주었지만, 그들은 책방에서 물건을 훔친 도둑이다. 이러한 사실을 학생이 인식하고 문제를 풀 수 있도록 한다.

생각 또박또박(NIE)

콕콕 인터뷰(18쪽)

■ 제목 : (예) 용감한 어린이, 막시를 만나다!

1. (예) 어머니께서는 용감한 일을 했다며 저를 자랑스러워하셨어요. 하지만 도둑들을 쫓는 일은 위험한 일이니까 다음부터는 먼저 경찰에 알리라고 말씀하셨어요.

2. (예) 그 아이들이 릴리의 외투와 엄마의 핸드폰을 훔쳐 갔다는 것을 알고 정말 화가 났어요. 잃어버린 물건들을 내가 꼭 되찾고 말겠다는 생각을 갖자 용기가 났어요.

3. (예) 사실은 저도 겁쟁이였어요. 하지만 이 일은 꼭 내가 해내야겠다는 생각을 갖자 두려움을 이겨낼 수 있었어요. 여러분, 용기를 내세요!

찰칵 사진(19쪽)

■ 그 곳에 가고 싶은 이유 : (예) 이집트 사막의 피라미드 안에 숨겨진 보물을 찾고 싶기 때문이다. / 세계에서 가장 높은 산인 에베레스트 산에 올라가서 '야호' 하고 외치고 싶기 때문이다. / 깊은 동굴 속에 사는 박쥐를 찾아 연구하고 싶기 때문이다. / 아프리카 원주민들과 친구가 되고 싶기 때문이다 등

(해설) 'NIE 자료'에 있는 사진 이외에 모험을 하고 싶은 곳이 있다면 직접 그리고, 그 곳에 가고 싶은 이유를 써 보게 한다.

우리들 세상(19쪽)

■ 가입 신청서 : (예) 저는 동네 모퉁이에서 '상어 떼' 친구들이 모이는 것을 종종 보았습니다. 제 또래의 아이들이 즐겁게 어울리는 모습을 보면서 친구가 되고 싶다는 생각을 해 왔습니다. 그러다 우연히 '상어 떼'에서 친구를 모집한다는 광고를 보게 되었습니다. 저는 친구를 사귀는 것을 좋아합니다. '상어 떼'의 일원이 되어서 막시, 릴리, 벨렌, 칼데리야, 하이메의 친구가 되고 싶습니다.

○○○○년 ○○월 ○○일

신청인 : 고아라

(해설) 'NIE 자료'를 이용하거나 직접 그림을 그려서 가입 신청서를 꾸미는 것도 좋다.

톡톡 독서 감상문(20쪽)

■ 예시 그림 생략

■ 감상문 : (예) 막시에게

　막시야, 안녕? 나는 강선묵이라고 해.

　책을 읽으면서 네가 참 용감한 아이라는 생각을 했어. 혼자서 도둑들을 쫓아가다니……. 나라면 절대 못했을 거야. 특히, 복도에서 몬테로 형제와 마주쳤을 때의 네 행동에 놀랐어. 복도는 캄캄했고, 도와줄 사람도 없었는데 어떻게 그런 용기를 낼 수 있었는지 말이야. 몬테로 형제에게 단호하게 말하는 네 모습이 정말 멋졌어.

　막시야, 너는 모험가가 되고 싶다고 했지? 내 생각에 넌 모험가가 될 충분한 자격이 있는 것 같아. 너에게는 그 누구보다 큰 용기가 있잖아.

　네 첫 번째 모험의 성공을 축하하며, 이만 줄일게 안녕.

○○○○년 ○○월 ○○일

선묵이가

에스파냐

정식 명칭은 '에스타도 에스파뇰'이며, 영어로는 '스페인'이라고 부른다. 유럽의 남서쪽 끝 이베리아 반도에 위치한 입헌 군주국이다. 수도는 '마드리드'이고, 에스파냐 어를 사용한다. 중세 시대까지 회교도의 영향권하에 있었기 때문에, 에스파냐에 가면 서구 문명과 이슬람 문화가 합해진 이국적인 풍취를 느낄 수 있다. 일상생활은 종교의 규제를 크게 받고 있으며, 일반적으로 가정 교육이 엄격하다. 에스파냐에서 가장 인기 있는 스포츠는 '축

구'로, 세계적 수준을 보유하고 있다. 또한, 중세부터 유래한 '투우'는 에스파냐의 큰 자랑거리이다.

투우에는 보통 3명의 투우사가 등장한다. 투우가 시작되면 투우사는 붉은색 천 '물레따'를 흔들며 달려오는 소와 접전을 시작한다. 투우사는 '삐까돌'이라고 부르는 보조 투우사 가까이로 소를 유인한다. 그러면 온몸에 방패를 두른 말을 탄 '삐까돌'은 큰 창으로 소의 등과 배를 찔러 피를 흘리게 만든다. 소가 피를 많이 흘려 힘이 빠지면 또 다른 보조 투우사 '반데리레로'가 나와서 오색으로 수놓은 깃발 달린 창을 소의 등에 꽂고, 이어서 힘찬 나팔 소리에 맞춰 투우사가 재등장한다. 투우사는 모자를 벗어 관중들에게 인사를 하고, 모자를 어깨 너머로 던진다. 이때 모자가 바로 떨어지면 행운이 따른다고 한다. 그런데 소가 다리를 절거나 힘이 없어 보이면 관중의 항의가 대단하다. 만일 관중들이 '푸에라 푸에라('나가라'는 뜻)'라고 외치면 암소 여러 마리가 나와 싸움소를 이끌어 우리로 데려가 버리고, 관중이 '오레 오레('힘내라'는 뜻)'라고 외치면 투우를 시작한다. 투우사는 '에스파다'라는 칼로 소의 등을 깊숙이 찔러 숨통을 끊는다. 이때가 투우에서 가장 중요한 순간으로, 투우사가 단번에 소의 숨통을 끊어 놓지 못하면 '소의 귀'를 받지 못한다. 반대로 투우사가 소의 숨통을 한번에 끊으면 소의 양쪽 귀를 상으로 받고, 최고의 투우를 보여 주면 양쪽 귀와 꼬리를 상으로 받는다.

마당 2 토론 활동

생각 활짝(22쪽)

■ 이루고 싶은 목표와 해야 할 일

(1) 예 전교 1등 / 피아노 잘 치기 / 태권도 검은 띠 따기 등

(2) 예 매일 3시간씩 열심히 공부한다. / 매일 2시간씩 피아노 연습을 한다. / 태권도장을 빠지지 않고 다니며, 사범님 말씀을 잘 듣는다 등

(3) 예 선생님 / 부모님께 효도하기 / 부자 되기 등

(4) 예 학교 공부를 열심히 한다. / 부모님 말씀을 잘 듣는다. / 돈을 아껴 쓰고 저축한다 등

(해설) 학생이 단기적인 목표와 장기적인 목표를 나누어 생각해 볼 수 있도록 한다. 그리고 그 목표를 이루기 위해서는 어떤 노력을 해야 하는지, 현실 가능한 답을 할 수 있도록 한다.

생각 주렁주렁(토론)

▶ 위험한 일이라도 해야 해요(24쪽)

1. 자신의 목표를 이루기 위해서는 어떠한 위험이 있는 일이라도 도전해야 한다.

2. 목표를 달성하기 위해서는 희생과 노력이 반드시 뒤따릅니다. / 위험을 두려워하면 아무것도 할 수가 없습니다.

3. 예 영국의 내과 의사 '조지 포다이스'는 사람의 체온이 항상 36.5℃라는 것을 밝히기 위해 127℃의 뜨거운 방 안에 들어가 화상을 입는 것도 마다하지 않았다. 그 결과, 사람의 체온이 36.5℃를 유지한다는 것을 밝혀냈다. / 영국의 의사인 '에드워드 제너'는 천연두 백신을 만들어서 많은 사람의 생명을 구했다. 그는 우두(암소의 유방에 생기는 병.)에 걸린 사람의 종기로부터 고름을 짜내 사람의 몸에 주입하는 실험을 하였다. 동물 실험도 거치지 않은 위험한 실험이었지만, 그 실험을 통해 천연두를 예방할 수 있었다 등

▶ 위험한 일을 하지 않아도 돼요(25쪽)

1. 목표를 이루기 위해서 위험한 일에 도전할 필요는 없다.

2. 목표를 이루기 위해서 위험한 일에 무모하게 도전하다가, 자칫 자신의 목숨까지 잃을 수도 있습니다. / 목표를 이루는 것보다 중요한 것은 자신의 생명과 안전입니다.

3. 예 나는 예전에 설악산 대청봉에 오르고 싶어서 무리하게 대청봉까지 올라갔다가, 산에서 내려올 때 기운이 쭉 빠져서 병원에 실려 갔다. / 미국의 '저시 레이지어' 박사는 당시 치명적인 전염병이었던 '황열병(아프리카 서부와 남아메리카에서 볼 수 있는 악성 전염병으로, 고열, 구토, 황달을 일으키며 사망률이 높음.)'의 원인이 '이집트 숲모기'라고 생각하였다. 이를 증명하기 위해 자신을 실험 대상으로 삼았고, 결국 죽음에 이르렀다 등

(해설) 자신의 주장에 대한 적절한 근거를 제시하는 문제이다. 실제 일어났던 일이나 자신의 경험을 예로 들어 설명하면, 설득력을 높일 수 있다.

생각 또박또박(의견 정리)

▶ (26쪽)

	위험한 일이라도 해야 한다
의견 쓰기 (한 문장으로 쓰세요.)	목표를 이루기 위해서는 위험한 일이라도 도전해야 한다.
그렇게 결정한 이유	위험을 감수할 용기가 없다면 자신의 목표를 이룰 수 없다.

이유에 대한 자세한 설명 (예를 제시하면 좋아요.)	영국의 내과 의사 '조지 포다이스'는 자신의 몸에 직접 실험을 하여, 사람의 체온이 항상 36.5℃를 유지한다는 것을 밝혀냈다.
내 주장 정리하기	목표를 이루기 위해서는 위험한 일이라도 도전해야 한다. 왜냐하면, 위험을 감수할 용기가 없다면 자신의 목표를 이룰 수 없기 때문이다. 예를 들어, 영국의 내과 의사 '조지 포다이스'는 사람의 체온이 항상 36.5℃라는 것을 밝히기 위해 127℃의 뜨거운 방 안에 들어가 화상을 입는 것도 마다하지 않았다. 그리고 그 결과 사람의 체온이 항상 36.5℃를 유지한다는 사실을 밝혀냈다. 그러므로 목표를 이루기 위해서는 위험한 일이라도 도전해야 한다고 생각했다.
	위험한 일을 하지 않아도 된다
의견 쓰기 (한 문장으로 쓰세요.)	목표를 이루기 위해서 위험한 일에 도전할 필요는 없다.
그렇게 결정한 이유	위험한 일에 도전하다가 자신의 생명을 잃을 수도 있다.
이유에 대한 자세한 설명 (예를 제시하면 좋아요.)	미국의 '저시 레이지어' 박사는 황열병의 원인을 밝혀내기 위해 직접 자신에게 실험을 하였고, 결국 목숨을 잃고 말았다.
내 주장 정리하기	목표를 이루기 위해서 위험한 일에 도전할 필요는 없다. 왜냐하면, 위험한 일에 무모하게 도전하다가 자신의 생명을 잃을 수도 있기 때문이다. 예를 들어, 미국의 '저시 레이지어' 박사는 당시 치명적인 전염병이었던 황열병의 원인이 '이집트 숲모기'라고 생각하고 직접 자기의 몸에 실험을 하였다. 그는 자신의 목표를 이루기 위해 목숨을 건 도전을 하였지만, 결국 황열병에 걸려 목숨을 잃고 말았다. 그러므로 목표를 이루기 위해 위험한 일에 도전할 필요는 없다고 생각한다.

[마당 2 룰루랄라 글쓰기]

낱말과 문장을 알아봐요

🔲 첫 번째 문제(27쪽)
- 낱말 넣기(순서대로)

  시무룩하게 가쁘게 간절히 호되게 재빨리

(해설) 「달려라 막시」에 나오는 부사어를 학습하는 활동이다. 부사어란, 용언(서술어의 기능을 하는 동사·형용사)의 내용을 한정하는 문장 성분이다. 그 종류에는 부사, 부사의 구실을 하는 단어·어절·관용어·체언(명사·대명사·수사를 통틀어 이르는 말)에 부사격 조사가 붙은 말, 어미 '-게'로 활용한 형용사, 부사성 의존 명사구 따위가 있다.

🔲 두 번째 문제(28쪽)

1. 예 휴대폰을 잃어버렸다는 사실을 안 어머니께서는 막시를 호되게 야단치셨습니다.
2. 예 막시는 엄마의 핸드폰을 되찾게 해 달라고 간절하게(간절히) 기도하였습니다.
3. 예 두 아이가 도망치자, 막시는 재빠르게(재빨리) 그 뒤를 쫓았습니다.
4. 예 외투를 잃어버린 릴리는 시무룩하게 말했습니다.

(해설) 앞에서 배운 부사어의 기본형을 제시한 것이다. 낱말의 기본형을 다시 부사어로 바꿀 수 있도록 한다. 또한, 부사어를 활용하면 문장의 뜻을 더욱 확실하게 전달할 수 있도록 한다.

🔲 세 번째 문제(28쪽)

1. 예 보쌈에 굴을 넣어서 먹으니까 더 맛있다.
2. 예 말이 바람을 가르며 달려 나갔다.
3. 예 엄마가 사과 한 상자를 사 오셨다.

(해설) '동음이의어'를 공부하는 것이다. 제시된 동음이의어에 어떤 뜻의 낱말들이 있는지, 'NIE 자료'를 통해 그 뜻을 알고 문제를 풀 수 있도록 한다. 짧게 발음하는 '눈'은 얼굴에 있는 눈이고, 길게 발음하는 '눈:'은 하늘에서 내리는 눈이다. '굴'은 바다에서 나는 먹는 굴이고, '굴:'은 '땅이나 바위가 안으로 깊숙이 패어 들어간 곳이다. '말'은 동물을 가리키고, '말:'은 사람의 생각을 전달하는 음성이다. '사과'는 먹는 과일을 가리키고, '사:과'는 자기의 잘못을 비는 것이다.

장소를 나타내는 말을 찾아봐요

🔲 첫 번째 문제(29쪽)

1. 나는 전화를 끊지 않은 채 <u>서재</u>에서 나와 <u>부엌</u>으로 갔다.
2. <u>시장 안</u>에는 신비한 볼거리라고는 하나도 찾아볼 수 없었다.
3. 나는 두 아이를 찾기 위해 <u>시장 통로</u>를 살살이 살피며 다녔다.
4. 릴리와 나는 사람들이 무수히 오고 가는 <u>길거리 한복판</u>에 있는데 무엇을 어떻게 해야 할지, 어디로 가야 할지, 아무것도 생각나지 않았다.

(해설) 장소를 나타내는 말을 찾는 문제이다. 답이 2개 이상

인 경우에는 장소를 나타내는 말을 모두 찾았을 경우에만 정답으로 인정한다.

두 번째 문제(29쪽)
1. 민지야, 가게에 가서 우유 좀 사오렴.
2. 윤호야, 집 밖에서 놀다가 집에 들어오면 손부터 씻어야지!
3. 올 여름에도 가족과 함께 바닷가로 놀러 갈 것이다.

세 번째 문제(30쪽)
1. (늘 가던)솔밭 / 산 중턱(산 중턱의 넓은 풀밭) / 산 아래 마을
2. ⓔ 산 아래 마을로 내려간 토끼는 대문이 열려 있는 자그마한 집으로 들어갔습니다. 그런데 집 마당에는 한 사내아이가 눈사람을 만들고 있었습니다. 아이는 토끼를 보고는 깜짝 놀라 엄마를 불렀습니다. 아이의 엄마는 부엌에서 삶은 감자와 호박을 가져와 토끼에게 주었습니다. 토끼는 배가 고픈 나머지 사람도 무서워하지 않고 음식을 모두 먹어 치웠습니다. 그리고는 고마운 듯 귀를 쫑긋하고는 다시 산 속으로 사라졌습니다.

(해설) 장소를 나타내는 말에는 여러 가지가 있다. 여기, 저기, 이곳, 저곳, 그곳, 이리, 저리, 이쪽, 저쪽, 그쪽 등이 그것이다. 그리고 동네 이름, 도시 이름, 나라 이름 등도 장소를 나타내는 말이다.

마당 3 주제 활동

생각 활짝(32쪽)
(해설) 자신의 경험에 비추어 생각해 보고, 진정한 용기란 무엇인지 이야기하는 시간을 갖는다.

생각 주렁주렁 (읽을거리)

겁쟁이 사자(33쪽)
1. ⓔ 높은 곳에 올라가는 것을 무서워한다. / 엘리베이터(에스컬레이터)를 타는 것을 무서워한다. / 밤에 혼자 있는 것을 무서워한다 등
2. ⓔ 막시야, 밖에서 노는 것이 얼마나 재미있는 줄 아니? 그렇게 집에서 책만 읽으면 몸은 뚱뚱해지고, 시력이 나빠져서 두꺼운 안경을 써야 할 거야. / 막시야, 집에만 있으면 모험가가 될 수 없어. 우리와 함께 모험을 떠나지 않을래? 등

(해설) 도로시가 되어, 밖에 나가는 것을 두려워하는 막시의 마음을 움직일 수 있는 충고의 말을 해 보도록 지도한다.

오즈의 마법사
「오즈의 마법사」는 '라이먼 프랭크 봄(1856~1919년)'이 1900년에 발표한 동화책으로, 그 줄거리는 다음과 같다. 금발 머리에 통통하고 붉은 볼을 가진 귀여운 소녀, 도로시는 풀도 나무도 온통 회색빛인 쓸쓸한 캔자스 주에서 헨리 아저씨와 엠 아주머니, 그리고 강아지 토토와 함께 살고 있다.

그러던 어느 날, 도로시와 토토는 회오리바람에 실려 아름다운 오즈의 나라에 오게 된다. 오즈의 나라는 빨강·노랑·파랑·보라·초록의 다섯 개의 나라로 이루어진 신기한 왕국으로, 온갖 이상한 마법을 부리는 마법사와 마녀들이 다스리고 있는 곳이다. 집으로 돌아가는 유일한 방법은 위대한 마법사 오즈를 찾아가 부탁하는 것이라는 사실을 안 도로시는 오즈가 살고 있는 에메랄드 시를 향해 떠난다. 여행길에서 도로시는 생각할 수 있는 뇌를 갖고 싶어하는 허수아비와, 사랑을 느낄 수 있는 마음을 갖고 싶어하는 양철 나무꾼, 그리고 용기를 얻고 싶어하는 겁쟁이 사자를 만나 함께 오즈의 마법사를 만나러 간다. 그러나 여행길에는 갖가지 위험과 모험이 기다리고 있다. 절벽을 뛰어넘어야 하는가 하면, 졸음이 오게 하는 꽃밭을 지나야 하기도 하고, 무서운 짐승의 공격을 받기도 한다. 그때마다 도로시와 친구들은 각각 지혜와 사랑과 용기로 어려움을 헤쳐 나간다.

마침내 아름다운 에메랄드 시에 도착한 도로시와 친구들은 위대한 마법사 오즈에게 소원을 이루어 달라고 부탁하지만, 오즈는 윙키들을 다스리고 있는 서쪽 나라의 나쁜 마녀를 없애기 전에는 소원을 들어줄 수 없다고 대답한다. 도로시와 친구들은 갖가지 위험을 이겨 내고 나쁜 마녀를 없앤다. 그리고 소원을 이룰 수 있게 되었다는 기쁨에 차서 에메랄드 시로 돌아온다. 그러나 위대한 마법사 오즈가 사실은 평범한 사람으로, 도로시와 친구들의 소원을 들어 줄 수 없다는 사실이 밝혀진다. 마법사 오즈는 실망하는 도로시와 친구들을 위해서 각자의 소원을 들어주기로 결심한다. 허수아비에게는 왕겨로 만든 뇌를 주고, 양철 나무꾼에게는 비단으로 만든 심장을 주고, 겁쟁이 사자에게는 용기를 주는 약을 마시게 한다. 그리고 오즈는 커다란 풍선 기구를 만들어서 도로시와 함께 고향으로 돌아가기로 한다. 그런데 그만 실수로 오즈 혼자 하늘을 날아가 버린다. 그러자 허수아비는 하늘로 날아가 버린 오즈 대신 에메랄드 시의 왕이 되고, 양철 나무꾼은 서쪽 나라의 나쁜 마녀 대신 윙키의 나라를 다스리기로 한다. 그리고 겁쟁이 사자는 동물의 왕이 되어 숲 속을 다스린다. 마지막까지 소원을 이룰 수 없었던 도로시는 착한 마녀 글란다의 도움으로 마침내 헨리 아저씨와 엠 아주머니가 기다리고 있는 캔자스로 돌아간다.

용감한 꼬마 재봉사(34쪽)

1. 옷자락을 휘둘러서 파리를 일곱 마리 죽인 일
   (해설) 꼬마 재봉사는 옷자락으로 파리 일곱 마리를 죽인 일을 통해 자신이 용감한 사나이라는 것을 깨달았다.
2. 예 막시는 '엄마의 핸드폰 도난 사건'을 용감하게 해결하였다. 핸드폰을 훔쳐 간 몬테로 형제가 막시를 위협하였지만 끝까지 용감하게 행동하여 핸드폰을 되찾았다.

인질을 풀어 준 소년(35쪽)

1. 예 정말 용기 있는 행동이다. 침착하게 행동한 크레이그의 용기가 사람들을 구할 수 있었다. / 크레이그의 용기는 칭찬할 만하지만, 너무 위험한 행동이다. 만약 도둑들이 다시 돌아와서 크레이그를 보았다면 큰 위험에 처했을 것이다 등
   (해설) 크레이그 군의 행동에 대해 자유롭게 이야기하고, 크레이그 군의 행동에 비추어 자신이 생각하는 진정한 용기란 무엇인지 말해 본다.
2. 예 예전처럼 집에서 책만 읽지 않고, 밖에서 친구들과 어울리는 시간이 많아질 것이다. / 상어 떼의 새로운 대장이 되어, 친구들과 함께 모험을 찾아 나설 것이다. / 핸드폰을 되찾은 사실이 방송에 나가 유명해질 것이다.

생각 또박또박(통합 교과 논술)

문제를 해결해 봐요(38쪽)

1. 예 속으로는 겁이 났지만 용기를 잃지 않으려고 애쓴 점이다. / 겁이 날수록 더욱 용기를 내려고 노력한 모습이다 등
   (해설) 글 (가)의 '나'는 엄마의 핸드폰을 훔쳐 간 몬테로 형제를 끝까지 쫓아갔고, 결국 핸드폰을 돌려받았다.
2. 예 강도가 다시 돌아올지도 모르는 위험한 상황 속에서 침착하게 행동한 점이다. / 어른도 겁이 나서 하기 힘든 일을 용기 있게 해낸 점이다 등
   (해설) 글 (나)의 크레이그 군은 어린 나이에도 불구하고 침착하고 용감하게 행동하여, 철제 현금 보관함에 갇힌 인질들을 구했다.
3. 예 물에서 수영하는 것 / 벌레(곤충) 등
   (해설) 자신이 두려워하는 것에 대해 자유롭게 말해 보도록 한다. 사물을 이야기해도 좋고, 두려움을 느꼈던 경험을 토대로 하여 상황을 설명해도 좋다.
4. 예 수영을 할 때에는 물안경·튜브 등 안전 장비를 반드시 갖추고 한다. / 수영 강습을 받는다. / 물에서 재미있는 놀이를 하며 두려움을 없앤다. / 곤충을 직접 키운다. / 친구들과 닮은 곤충을 찾고, 그 곤충에 대해 자세히 알아본다 등
   (해설) '용기를 낸다.', '힘을 낸다.' 등의 추상적인 방법은 지양하고, 구체적인 행동을 찾을 수 있도록 한다. 용기를 얻기 위해 할 수 있는 것이 무엇인지 생각한다.
5. ■ 개요 : 예

구 분	내 용
처음	• 용기가 필요한 사람들 – 사람들은 저마다 두려워하는 것이 있다.
가운데	• 글 (가)와 (나)의 인물을 통해 배울 점 – 글 (가)의 '나'는 속으로는 겁도 났지만 용기를 잃지 않으려고 애썼다. – 글 (나)의 크레이그 군은 강도가 다시 돌아올지도 모르는 위험한 상황 속에서 침착하게 행동하였다. • 내가 두려워하는 것 – 나는 물 속에 수영하는 것을 두려워한다. • 내가 두려워하는 것을 극복하기 위한 방법 – 수영을 할 때에는 물안경, 튜브 등 안전 장비를 반드시 갖추고 한다. – 수영 강습을 받는다.
끝	• 용기의 필요성 강조 – 두려움을 버리고 용기를 가져야 한다.

■ 답안 : 예

　사람들은 저마다 두려워하는 것이 있다. 그러나 어떤 일을 할 때 두려움이 있으면 머뭇거리고, 갈등하고, 결국 포기하게 된다. 내가 가진 두려움을 없애려면 어떻게 해야 할까?
　글 (가)와 (나)의 주인공들은 두려움을 극복한 용기 있는 소년들이다. 글 (가)의 '나'는 엄마의 핸드폰을 훔쳐 간 몬테로 형제를 끝까지 쫓아갔다. 핸드폰을 돌려받을 때, '나'는 속으로는 겁이 났지만 용기를 잃지 않으려고 애썼다. 글 (나)의 크레이그 군은 어린 나이에도 불구하고 침착하고 용감하게 행동하여, 철제 현금 보관함에 갇힌 인질들을 구했다.
　나는 물에서 수영하는 것을 두려워한다. 나는 여름이 결코 반갑지가 않다. 하지만 나도 이제는 더 이상 물을 두려워하지 않을 것이다. 글 (가)와 (나)의 소년들처럼, 용기를 내고, 침착하게 행동하여 물에 대한 두려움을 극복할 것이다. 우선, 수영을 할 때에는 물안경, 튜브 등 안전 장비를 반드시 갖추고 할 것이다. 이런 장비들은 물에 대한 두려움을 없애는 데에 도움이 된다. 또한, 꾸준히 수영 강습을 받을 것이다. 수영 연습을 열심히 하면 언젠가는 물에 대한 두려움을 날려 버리고, 물개처럼 멋지게 수영할 수 있을 것이다.
　두려움은 마음에서 나오는 것이다. 내가 어떻게 생각하느냐에 따라서 두렵다는 생각은 달라질 수 있다. 마찬가지로 용기도 마음먹기에 달렸다. 이제부터 두려움을 버리고 용기를 가지

도록 노력해야겠다. 그러면서 수영뿐만 아니라 다른 어려운 일을 할 때에도 두려움 없이 해낼 수 있을 것이다.

마당 4 과학탐구활동

생각 활짝

생각해 봐요 (44쪽)

■ 예) 높은 건물을 힘들이지 않고 올라갈 수 있다. / 아파트에 사는 사람들은 집까지 빠르게 올라갈 수 있다. / 짐을 나르는 데 편리하다 등

세계에서 가장 빠른 엘리베이터

세계에서 가장 빠른 엘리베이터는 타이완의 타이베이에 있는 '타이완 금융 센터'에 설치된 엘리베이터이다.(2007년 기준) 타이완 금융 센터 빌딩은 높이가 508m에 이르는데, 일명 '101 빌딩'으로도 불린다. 이 건물에는 모두 61대의 엘리베이터와 50대의 에스컬레이터가 있다. 이 건물에 있는 엘리베이터는 시속 60km로 운행되어, 1층에서 관람대가 있는 89층까지 가는 데에 37초(초당 16m 운행)밖에 걸리지 않는다.

생각 또박또박 (통합 교과 서술)

(49쪽)

1. ②, 고정 도르래

   (해설) 그림 (나)의 ①은 도르래를 이용하지 않고 손으로 물건을 들어 올렸을 때, ②는 고정 도르래를 이용했을 때, ③은 움직 도르래를 이용했을 때를 보여 주는 그림이다.

2. 예) 엘리베이터 / 에스컬레이터 / 블라인드 / 국기 게양대 / 기중기 / 견인차 / 리프트 등

   (해설) 도르래를 이용하면 힘의 방향을 바꿀 수 있고(고정 도르래), 힘의 크기를 줄일 수 있으며(움직 도르래), 힘의 방향과 크기를 모두 바꿀 수도 있다(복합 도르래), 이를 학생에게 말해 주고, 이러한 도르래를 이용한 예를 찾아볼 수 있도록 한다.

3. ③, 움직 도르래

   (해설) 고정 도르래를 이용하면 힘의 방향만을 바꿔 줄 뿐 힘의 크기에는 변화가 없다. 그러나 움직 도르래를 이용하면 힘의 방향은 그대로이지만, 힘의 크기는 반으로 줄어든다. 그러므로 무거운 물체를 들어 올릴 때에는 움직 도르래를 사용하는 것이 더 효율적이다. 보기에 제시된 그림 가운데 움직 도르래를 고르면 ③번이다.

거중기

거중기는 정약용(1762~1836년)이 고안한 기계로 1796년 수원 성곽을 쌓는 데에 이용되었다. 정약용은 정조(1752~1800) 때 중국에서 들여 온 「기기도설」이라는 책을 참고하여 거중기를 개발하였다. 기중기의 구조도와 원리는 「화성성역의궤」에 자세하게 나와 있다.

거중기는 도르래의 원리를 이용하여, 작은 힘으로 무거운 물건을 들어 올릴 수 있기 때문에 인력을 절약할 수 있었다. 또한, 무거운 물건이 떨어지는 사고로 인한 인명 피해를 줄일 수 있다. 화성 건설에는 모두 11대의 거중기가 사용되었는데, 거중기를 이용한 덕분에 건설 기간을 당초 예상한 10년에서 단 2년으로 줄일 수 있었다.

거중기의 가장 큰 특징은 단순히 고정 도르래만 사용하지 않고 움직 도르래를 도입하여 복합 도르래를 구성하였다는 점이다. 고정 도르래는 힘의 방향만 바꿔 줄 뿐 힘의 크기에는 변화가 없다. 그러나 움직 도르래는 힘의 크기를 반으로 줄여 준다. 정약용은 이러한 고정 도르래와 움직 도르래의 장점을 합하여 복합 도르래를 만든 것이다. 그래서 거중기를 이용하여 7.2t에 달하는 돌을 30명의 힘으로 들어올릴 수 있었다. 장정 1명당 240kg의 무게를 들어 올린 셈이다.

[마당 4 논리야 논리야]

논리 알기 (53쪽)

1. 팔봉이는 '한양에는 구름을 타고 다니는 도사가 있다.'고 주장한다. 그리고 '본 사람이 없다고 해서 그런 도사가 없는 것은 아니다.'는 이유를 들고 있다. 즉, 상대방이 반대 증명을 할 수 없는 이유를 들어 자신의 주장을 펼치고 있으므로 '무지의 오류'이다.

2. (1) 무지의 오류란, 상대방이 그 주장이 틀렸음을 반대로 증명할 방법이 없는 경우를 들어서 자신의 주장이 옳다고 주장하는 것이다. 여기서는 상대방이 외계인이 없다는 것을 증명할 방법이 없는데, 이것을 이유로 들어서 주장을 펼치고 있으므로 무지의 오류이다.

   (2) 신은 존재하지 않는다는 것이 증명되지 않았기 때문에 사실이라고 주장하는 것은 무지의 오류이다.

   (해설) 무지의 오류를 제대로 이해하였는지 확인하는 문제이다. 무지의 오류란, 상대방이 반대 증명할 수 없는 이유나, 상대방이 알지 못하는 이유를 들어 자신의 주장을 펼치는 것이다. 즉, '상대방의 무지'를 주장의 근거로 사용할

때 범하는 오류를 말한다.

3. 귀신이 있다는 것을 증명한 사람은 없기 때문이야

 (해설) 일상생활에서 발생하는 무지의 오류에 대해 생각해 보고, 지현이의 주장에 어떻게 반박할 수 있는지 말해 보도록 한다.

마당 1~4 -듣기 평가 ①
귀에 쏙쏙 생각쑥쑥

[1~3] 듣기 대본(54쪽)

"막시야, 넌 나중에 학자가 될 거니?"

엄마는 늘 책을 끼고 다니는 나에게 이렇게 물을 정도다. 친구들도 그렇다.

"막시야! 나중에 넌 박사가 되겠다."

"넌 책벌레야. 책벌레는 나중에 가난하게 산다더라!"

참 이해할 수 없는 일이다. 책은 학자나 박사, 가난한 사람들만 읽는 걸까? 내 생각으로는 '절대 아니다!' 이다. 리빙스턴이나 아문센 같은 탐험가, 에디슨 같은 발명가, 슈바이처 박사나 테레사 수녀 같은 사랑의 천사들, 그리고 이름은 모르지만 대학교나 도서관을 지은 어마어마한 부자들도 책을 많이 읽었다.

내 생각으로는 책을 많이 읽어야만 나중에 어른이 돼서 할 일이 무엇인지 알 것 같다. 특히 나처럼 모험가가 될 사람이라면 더 많은 책을 읽어야 한다. 왜냐하면, 책을 읽어야만 어디를 탐험해야 할지, 어떻게 발명품을 만들어야 할지, 어느 나라 사람을 도와주어야 할지 알 수 있기 때문이다.

1. ③

 (해설) "나처럼 모험가가 될 사람이라면 더 많은 책을 읽어야 한다."는 막시의 말을 통해 막시의 꿈은 '모험가'라는 것을 알 수 있다.

2. ④

 (해설) 막시는 리빙스턴이나 아문센 같은 탐험가, 에디슨 같은 발명가, 슈바이처 박사나 테레사 수녀 같은 사랑의 천사들, 그리고 이름은 모르지만 대학교나 도서관을 지은 어마어마한 부자들이 책을 많이 읽었다고 했다.

3. ③, ④, ⑤

[4~6] 듣기 대본(54~55쪽)

"왜 릴리의 외투를 가져갔니?"

나는 궁금했던 걸 자꾸 물었다.

"그 여자아이에게 복수를 하려고. 나를 욕하고 거짓말쟁이라고 불렀거든."

후안이 대답했다. 나는 두 아이에게 릴리는 너희들을 공격하려고 한 것이 아니라 그냥, 그 아이는 평소에도 조금 대담한 아이라는 걸 설명해야 했다.

"그렇게 무섭게 하고 나면 아무도 우릴 쫓아오지 않을 거라고 생각했어. 그리고 외투는 길거리에 그냥 놓아 두려고 했어."

"그런데 문제는 불행하게도 너희 엄마의 핸드폰이 그 옷 안에 있었다는 거야."

4. ⑤

5. 릴리가 후안을 욕하고 거짓말쟁이라고 불렀던 것을 복수하기 위해서

6. (순서대로) ㉢ → ㉣ → ㉠ → ㉡

7. ①

 (해설) 막시와 릴리는 동갑이다.

8. (예) 얼마 전에 동생과 단둘이 집에 있는데 바퀴벌레가 나왔다. 동생은 무서워서 울음을 터뜨려 버렸고, 나도 징그러워서 소리를 질렀다. 하지만 무서워하는 동생을 위해, 용기를 내서 바퀴벌레를 잡았다. / 나는 여러 사람들 앞에서 말하는 것이 쑥스럽고 두렵다. 하지만 지난 주 국어 시간에 용기를 내서 발표를 하였다. 수업 시간에 손을 들고 대답을 하는 내 모습을 처음 본 친구들은 모두 놀란 눈으로 나를 쳐다보았다. 속으로는 무척 떨렸지만, 선생님과 친구들의 칭찬을 받아서 정말 뿌듯했다.

9. (예) 막시, 용감한 소년이 되다! / 막시에게 용기를 / 핸드폰을 찾아라! 등

 (해설) 이 필독서는 겁 많던 막시가 엄마의 핸드폰을 되찾는 사건을 통해 용기를 얻는 과정을 그렸다.

『작은 아씨들』을 학습하기 전에

학습 내용

활동명	학습 내용	지도 방법	새 교육 과정
독서 활동	「작은 아씨들」의 일부분 읽기	이 교재에 실린 부분만 읽고도 활동할 수 있게 해 놓았다. 그러나 될 수 있으면 학생이 필독서를 다 읽은 다음, 이 활동을 할 수 있도록 한다.	문학 작품에 나타난 인물의 삶의 모습을 이해한다. / 글과 그림이 어울리도록 구성할 수 있다. (4학년 국어)
토론 활동	자신을 희생하면서까지 남을 돌봐야 할까요?	토론 주제에 대해 찬반양론의 의견을 검토한 다음, 자신의 의견을 정하도록 한다.	자신과 다른 사람의 생각의 차이를 파악할 수 있다. (4학년 국어)
룰루랄라 글쓰기	낱말과 문장을 알아봐요 / 독서 감상문을 써 봐요	「작은 아씨들」의 낱말을 익혀 문장으로 쓰고, 독서 감상문을 쓸 수 있도록 한다.	상황에 맞게 표준어를 적절하게 사용할 수 있다. / 작품에서 느낀 감동을 정리하고 표현할 수 있다. (4학년 국어)
주제 활동	이별	이별에 대해서 이해하고, 이 주제를 「작은 아씨들」과 연결시킨 논술 문제를 풀면서 이별에 대해서 심층적으로 생각할 수 있도록 한다.	작품에서 감동적인 부분을 찾아 경험과 관련지을 수 있다. (4학년 국어)
생각 따라 느낌 따라	나를 잊지 마세요	만화에서 벌어지는 상황을 이해하고 여기에 나타난 주제에 대해 자신의 감상이나 의견을 이야기해 보도록 한다.	작품에 대한 생각이나 느낌을 통해 자신을 드러낼 수 있다. (4학년 국어)
과학 탐구 활동	눈	초등학교 6학년 과학 교과에서 배우는 눈에 대해서 학습한다. 그리고 「작은 아씨들」의 내용 중 눈과 연관된 부분을 읽고 문제를 풀면서 이 주제를 확실히 이해할 수 있도록 한다.	비나 눈이 내리는 과정을 이해한다. (6학년 과학)
논리야 논리야	다이아몬드를 훔친 범인은?	만화에서 벌어지는 상황을 이해하고 여기서 발생할 수 있는 '흑백 논리의 오류'에 대해 알아보도록 한다.	글쓴이가 제시한 의견의 적절성을 평가할 수 있다. (4학년 과학)
귀에 쏙쏙 생각 쑥쑥	듣기 평가	필독서 전체를 다 읽은 학생에 한하여 듣기 대본을 정확하게 읽어 주고, 다양한 문제를 해결하도록 한다.	설명하는 말을 듣고 중요한 말을 이해한다. (4학년 과학)

전체 줄거리 (밑줄 친 부분은 이 교재에 나와 있는 부분임.)

마치 씨가 군목(각 부대에서 기독교를 믿는 장병들의 신앙 생활과 관련된 일을 맡아보는 목사로, 군종 감실이나 <u>군종 참모부 소속의 장교.</u>)으로 남북 전쟁에 참전하여, 마치 부인은 남편 없이 아이들을 키우며 어려운 살림을 꾸려 나간다. 생활이 넉넉하지는 않지만 네 명의 예쁜 딸들로 인해 마치 씨 댁에는 언제나 사랑이 넘친다. 얌전하고 온화한 성격의 맏딸 메그, 활달하고 적극적인 둘째 조, 내성적인 셋째 베스와, 깜찍하고 야무진 막내 에이미가 바로 마치 씨의 네 딸들이다. 한편, 옆집 큰 저택에는 로렌스 씨와 손자 로리가 살고 있다. <u>네 자매에게 관심을 갖게 된 로리는 조를 집으로 초대하였고, 이를 계기로 두 집안은 서로 가깝게 지낸다. 그러던 어느 날, 마치 부인은 마치</u>

씨가 위독하다는 전보를 받고 남편을 돌보기 위해 워싱턴으로 떠나게 된다. 마치 부인을 대신해 허멀 씨 댁 아기를 돌보다 베스마저 성홍열에 전염되지만, 다행히 베스는 위험한 고비를 무사히 넘긴다. 아버지 역시 건강한 모습으로 돌아오셔서 마치 씨 댁에는 오랜만에 웃음이 감돈다. 그리고 브루크 씨에 대한 사랑을 깨달은 메그는 브루크 씨의 청혼을 받아들인다.

주요 등장인물

- **메그** : 본명은 '마거릿'이다. 마치 씨의 첫째 딸로, 여성스럽고 동생들을 잘 보살펴 준다. 나이는 열여섯 살에 몸집은 큰 편이고 살빛은 희고 맑고 큰 눈을 가졌으며 탐스러운 갈색 머리의 아름다운 소녀이다.
- **조** : 본명은 '조세핀'이다. 마치 씨의 둘째 딸로, 사내 같은 면이 많아서 모험을 좋아한다. 자신이 남자가 아니고 여자인 것을 늘 억울하게 여기기 때문에 남자 이름처럼 '조'라고 불리는 것을 좋아한다. 나이는 열다섯 살인데, 후리후리한 키에 몹시 마른데다가 살빛이 좀 검은 편이다. 책 읽는 것을 가장 좋아하고 소설가를 꿈꾼다. 성격이 급한 편이지만 화가 났다가도 곧 자기의 잘못을 깨닫고 후회하며, 그런 나쁜 성격을 고치려고 노력한다.
- **베스** : 얌전하고 착한 성품을 지닌, 마치 씨의 셋째 딸이다. 본명은 '엘리자베스'인데 모두들 '베스'라고 부른다. 장밋빛 뺨에 부드러운 머리칼, 그리고 맑은 눈을 가졌다. 몹시 수줍을 타는 성격이어서 친한 친구를 가끔 찾아가는 일 외에는 언제나 집에서 조용히 지낸다. 또한, 피아노 치는 것을 좋아하며 노래도 잘 부른다.
- **에이미** : 마치 씨의 귀엽고 사랑스러운 막내딸이다. 푸른 눈동자에 하얀 살결의 가냘픈 소녀로, 금발 머리가 어깨까지 내려온다. 언제나 조심성 있게 행동하여 꼬마 숙녀 같지만, 남에게 지기 싫어하며 성격이 급하고 고집이 센 편이다. 또한, 그림 그리는 것을 좋아하며 춤을 잘 춘다.
- **마치 부인** : 메그, 조, 베스, 에이미의 어머니로 온화한 성품을 가졌다. 가난한 가정 형편 속에서도 집안을 화목하게 가꾸고 딸들을 잘 키운다.
- **로리** : 로렌스 씨의 손자이다. 음악가인 어머니의 재질을 물려받아 음악에 재주가 많다. 속이 깊고 남을 배려할 줄 아는 따뜻한 마음을 가졌다.

눈이 내리는 상태에 따른 눈 이름

- **눈발** : 발처럼 줄을 이어 죽죽 내리는 눈이다.
- **진눈** : 눈과 비가 섞여서 오는 것으로, '진눈깨비'라고도 한다.
- **가랑눈** : 가랑비가 내리듯이 조금씩 잘게 내리는 눈이다. 가루처럼 내리는 눈이라고 해서 '가루눈'이라고도 한다.
- **눈보라** : 바람에 날려 세차게 몰아치는 눈이다.
- **마른눈** : 비가 섞이지 않고 내리는 건조한 눈이다.
- **함박눈** : 굵고 탐스럽게 내리는 눈이다.
- **소나기눈** : 갑자기 많이 내리는 폭설을 말한다.
- **싸라기눈** : 빗방울이 내리다가 갑자기 찬바람을 만나 얼어서 떨어지는 눈으로, '싸락눈'이라고도 한다.

마당 5 독서 활동

생각 주렁주렁(동화1) - 로리와 할아버지의 갈등

생각해 봐요(60, 61쪽)

- 60쪽 : 예) 우리 어머니께서는 가수처럼 노래를 잘 부르신다. 나도 어머니를 닮아서 노래 솜씨가 좋다. / 나는 아버지를 닮아서 화를 잘 낸다 등

  (해설) 부모님의 외모, 습관 등과 닮은 점을 말하는 학생이 있다면 옳지 않은 답이라는 것을 알려 주고, 부모님과 닮은 재주나 성격을 찾을 수 있도록 한다.

- 61쪽 : 예) 나는 수학 공부하는 것이 정말 싫다. 숫자만 봐도 머리가 아프고, 너무 어렵다. / 나는 달리기 하는 것이 너무 싫다. 왜냐하면, 달리기를 하면 숨이 차고, 땀이 나기 때문이다 등

  (해설) 학생이 평소에 하기 싫었던 일을 자유롭게 이야기하게 한다. 하기 싫다고 해서 자기 멋대로 하지 않으면, 자기 발전의 기회를 놓칠 수 있다는 것을 설명한다.

확인해 보아요(62쪽)

1. 음악가
2. 상인(인도 무역상)

  (해설) 로렌스 할아버지는 젊었을 때 인도 무역상을 하셨기 때문에 손자인 로리가 가업을 이어받아 상인이 되기를 원하신다.

3. 로리는 인도 무역상이 될 바에는 차라리 맞아 죽는 것이 낫다고 말했다.
4. 로리는 내일이라도 집에서 뛰쳐나갈 것이라고 말했다.
5. 음악가가 되는 걸 원하지 않으셨다. 대신에 가업을 이어받아 상인(인도 무역상)이 되길 원하셨다. 그러나 로리는 상인(인도 무역상)이 될 바에는 차라리 맞아 죽는 것이 낫다고 말했다. 또한, 로리는 자기 대신 할아버지와 지내 줄 사람만 있다면 내일이라도 당장 집에서 뛰쳐나갈 것이라고 말했다.

말하고 들어 보아요(63쪽)

- 내 생각 : 예) 할아버지, 전 정말 상인이 되고 싶지 않아요. 제발 저를 이해해 주세요. / 할아버지를 위해 대학은 가겠어요. 하지만 상인만큼은 절대로 할 수가 없어요. 저를 위해 생각을 바꿔 주세요. / 자신이 하고 싶은 일을 하는 사람이 가장 행복한 사람이라고 생각해요. 전 지금까지 할아버지의 말씀을 어긴 적이 없어요. 하지만 이번 만큼은 절대 할아버지의 뜻을 따를 수가 없어요 등

- 친구 생각 : 예) 할아버지께서 제가 상인이 되기를 계속 원하신다면, 저는 더 이상 할아버지 곁에 있을 수가 없어요. 절 잃고 싶지 않다면 할아버지의 생각을 바꿔 주세요. / 할아버지, 저는 하고 싶은 게 많아요. 상인이 되어 버리면 전 평생 후회하며 살 거예요. / 할아버지의 욕심 때문에 결국 아버지도 집을 나가 버리신 거라고요! 아버지처럼 저도 할아버지의 뜻을 따를 수가 없어요 등

  (해설) 대립하는 두 인물의 상반된 의견과 갈등의 원인을 잘 살펴보고, 나라면 그런 상황에서 어떻게 할 것인지 이야기해 보도록 한다.

생각 주렁주렁(동화2) - 메그의 결혼 이야기

생각해 봐요(64, 65쪽)

- 64쪽 : 예) 부르크 씨를 좋아하고 있기 때문이다. / 메그에게는 스스로 결혼을 선택할 권리가 있는데, 마치 아주머니께서 반대를 하시기 때문이다 등

  (해설) 마치 아주머니께서는 사랑보다 돈을 더 중요하게 생각하신다. 그러나 메그는 돈보다 사랑이 중요하다고 생각하기 때문에, 그런 마치 아주머니에게 화가 났다.

- 65쪽 : 예) 나는 우리 아버지를 존경하고 사랑한다. 아버지께서는 올해로 10년 째, 매달 복지 시설로 봉사 활동을 나가신다. 다른 사람을 위해 봉사하고 사랑을 베푸시는 아버지가 자랑스럽다. / 나는 우리 할머니를 존경하고 사랑한다. 할머니께서 인자하고, 나에게 좋은 말씀도 많이 해 주시기 때문이다 등

  (해설) 학생이 존경하고 사랑하는 인물을 주변에서 찾고, 그 이유를 발표하는 시간을 갖는다.

확인해 보아요(66쪽)

1. 마치 아주머니는 자신의 재산을 단 한푼도 나누어 주지 않을 것이라고 말하셨다.
2. 브루크 씨가 가난하기 때문이다.
3. 메그가 브루크 씨를 사랑하기 때문이다. / 메그는 반평생을 기다려도 이것보다 더 좋은 결혼을 할 수 없다고 생각한다. 브루크 씨는 사람이 좋고 똑똑해서 온갖 일을 다 할 수 있을 뿐만 아니라, 아주 부지런해서 반드시 성공하리라고 생각한다. 또 용기가 있고, 의지가 굳기 때문에 브루크 씨와 결혼하려고 한다 등
4. 브루크 씨는 메그가 자신을 사랑하고 있다는 것을 알게 되었고, 메그는 자신이 브루크 씨를 얼마나 사랑하고 있는지를 알게 되었다.

(해설) 메그는 브루크 씨에 대한 자신의 생각을 말하면서 자신이 브루크 씨를 사랑하고 있다는 것을 깨달았다.

5. 자신의 재산을 한 푼도 나누어 주지 않겠다고 말하셨다. 그러나 메그는 브루크 씨를 사랑하기 때문에 브루크 씨와 결혼을 하려고 하였다. 결국, 마치 아주머니와 메그의 대화를 통해서 브루크 씨는 메그가 자신을 사랑하고 있다는 것을 알게 되었고, 메그는 자신이 브루크 씨를 얼마나 사랑하고 있는지를 알게 되었다.

말하고 들어 보아요(67쪽)

- 내 생각 : (예) 사랑하는 브루크 씨와 결혼할 것이다. 왜냐하면, 결혼은 서로 사랑하는 사람끼리 하는 것이기 때문이다. / 당연히 브루크 씨와 결혼할 것이다. 아무리 돈이 많다고 해도 사랑하지 않는 사람과의 결혼은 행복할 수 없기 때문이다. / 서로 사랑한다면 돈이 없어도 행복할 수 있다. 돈은 열심히 노력하면 생기는 것이지만 사랑은 마음대로 만들 수 없다 등
- 친구 생각 : (예) 부자와 결혼할 것이다. 돈이 많으면 좋은 집에서 살 수 있고, 가족들도 도와줄 수 있다. / 돈이 있으면 모든 것을 할 수 있지만, 사랑만 가지고는 아무것도 할 수 없다. 그러므로 사랑하는 사람보다는 부자를 선택할 것이다. / 마치 아주머니의 말씀대로 아무리 애정이 있다고 하더라도 가난하게 살면 불행해지고 말 것이다. 만약 가난한 브루크 씨와 결혼하면 평생 가난으로 고생할 것이다. 그러나 부자와 결혼하면 평생 풍족하게 살 수 있다 등

(해설) 결혼을 할 때, 사랑과 돈 중에서 어느 것이 더 중요한지 생각해 보고, 내가 만약 메그와 같이 가난한 집 첫째라면 가족의 행복을 위해 부자와 결혼하는 것이 옳은지, 내 행복을 위해 자신이 사랑하는 사람을 선택하는 것이 옳은지 생각해 보게 한다.

생각 또박또박(NIE)

화제의 인물(68쪽)

1. - 상 : (예) 자매 거울 / 활력 만점
   - 이름 : (예) 메그 / 조
   - 본문 : (예) (순서대로) 첫째 / 둘째 → 엄마를 대신하여 동생들을 돌보고, 큰언니로서 동생들의 모범이 되었으므로 / 활달한 성격으로, 가족들에게 활기를 불어넣어 주었으므로
   - 상장 꾸미는 것은 생략
2. - 상 : (예) 하늘 천사 / 최고 귀염둥이
   - 이름 : (예) 베스 / 에이미
   - 본문 : (예) (순서대로) 셋째 / 넷째 → 하늘에서 내려온 천사같이 착한 성품으로 가족들에게 사랑을 나누어 주었으므로 / 귀여운 애교로 가족들에게 웃음과 기쁨을 주었으므로

- 상장 꾸미는 것은 생략

(해설) 네 자매의 개성을 파악하여 그에 알맞은 상을 줄 수 있도록 한다. 그리고 'NIE 자료'를 사용하지 않고 학생이 직접 그려 상장을 꾸며 보는 것도 좋다.

우리들 세상(69쪽)

- 예시 그림 생략

(해설) 네 자매들은 휴가 기간 동안 아무 일도 하지 않고 빈둥거리며 시간을 보냈다. 그리고 1주일 후, 놀기만 하는 것이 얼마나 고통스러운 일인지를 배웠다. 이 교훈을 참고하여 알차고 실천 가능한 계획표를 짤 수 있도록 한다.

딩동 메시지(69쪽)

- 유언장 : (예) 내 유언장

  나, 김희진은 다음과 같은 유언을 남긴다. 내가 죽으면 매년 내 생일에 내 무덤에 찾아와 꽃을 선물해 주기를 바란다. 내 저금 통장은 어머님께 드리며, 일기장은 아버지께 드린다. 동생 희연이에게는 내가 가장 좋아하는 곰인형을 준다. 가족 모두에게 사랑한다는 말을 전한다.

  증인 : 내 친구 이윤지
  쓴 사람 : 김희진

(해설) 유언장을 써 보는 활동을 통해, 지금까지의 삶을 돌아보는 시간을 갖게 한다.

톡톡 독서 감상문(70쪽)

- 예시 그림 생략
- 감상문 : (예) 베스에게

  베스야, 안녕! 난 유혜영이라고 해.

  병든 아이를 돌봐 주다 너마저 병에 걸려서 내 마음이 얼마나 아팠는지 몰라. 그래도 네가 병을 이겨 내고 조금씩 나아지고 있어서 정말 다행이야. 내가 만약 너였다면, 그 일을 너에게만 맡긴 언니들을 탓했을 거야. 하지만 넌 언니들을 원망하지 않았어. 넌 어쩜 그렇게 착하니? 네 모습을 보면서, 작은 실수도 남의 탓으로 돌리려 했던 내 모습이 부끄러워졌어. 앞으로는 나도 너처럼, 남을 탓하기 보다는 남을 먼저 생각하고, 내 행동을 반성할 줄 아는 사람이 되고 싶어.

  너에게 감사하는 의미에서 내 마음을 담은 작은 선물을 하나 준비했어. 지금은 아파서 피아노를 칠 수가 없으니까, 이 음악 상자로 피아노 소리를 듣고 네가 힘을 얻었으면 좋겠어. 빨리 건강해지렴. 그럼 또 편지할게. 안녕!

  ○○○○년 ○○월 ○○일
  혜영이가

독서 감상문을 쓰는 이유

- 책 내용을 오래 기억하고 깊이 생각할 수 있다. 책을 읽고 나면 그 내용을 금방 잊어버리기 쉽다. 그러나 독서 감상문을 작성해 두면 책의 줄거리를 쉽게 기억할 수 있을 뿐 아니라, 책 내용 속에 담긴 참맛을 알고 더욱 깊이 있게 생각할 수 있다.
- 감동을 보다 오래 간직할 수 있다. 책을 읽고 마음속으로 느낀 감동을 독서 감상문으로 쓰면 그 감동을 더 오래 간직할 수 있다.
- 책을 읽은 보람을 얻을 수 있다. 독서 감상문을 쓰면 책에 나오는 인물이나 글쓴이의 가르침을 깊이 새기게 되어 생각하는 힘이 길러 진다. 즉, 독서 감상문이 생각을 보다 깊고 넓게 만들어 주어 책을 읽는 보람을 얻을 수 있다.
- 생각과 느낌을 정리하는 힘을 기를 수 있다. 책을 읽고 느낀 감동을 표현하는 수단으로 '말'과 '글'이 있다. 내가 읽은 책 이야기를 다른 사람에게 들려 주고 글로 차근히 써 보는 연습을 많이 하면, 생각과 느낌을 정리하는 힘을 기를 수 있다. 특히 글로 쓰면 필요한 부분만 간략하게 표현할 수 있기 때문에 생각을 정리하는 힘을 기르는 데에 큰 도움이 된다.

한다. '희생'의 뜻을 적은 것이 아니라, '희생'과 관련된 낱말을 쓰도록 한다.

여러 나라의 크리스마스 풍습

- **영국** : 크리스마스 때 아이들이 양말 안에 선물이 가득 채워지길 기대하며 벽난로에 양말을 걸어 두는 풍습은 바로 영국에서부터 시작되었다고 한다. 전하는 이야기에 따르면, 젖은 양말을 말리려고 벽난로에 양말을 매달아 두었는데, 산타클로스가 굴뚝을 타고 내려오다가 떨어뜨린 금화가 양말 안에 담겨지면서부터 양말을 걸기 시작했다고 한다.
- **폴란드** : 폴란드에서는 크리스마스를 '작은 별'이라고 부른다. 그 때문인지 폴란드 인들은 크리스마스 트리에 별 장식을 많이 단다. 폴란드의 크리스마스에서 가장 중요한 것은 가족끼리 보내는 크리스마스 이브의 저녁 식사이다. 밤하늘에 첫 별이 뜨면 가장 성스로운 빵을 들고 사랑과 나눔에 대한 말을 읊조린다. 그리고 그 빵을 모든 식구들과 나누어 먹는다. 또 한 가지 특한 것은 저녁 식탁 밑에 지푸라기를 담은 그릇을 갖다 놓는다는 것이다. 이 그릇은 예수가 태어난 구유(소나 말 따위의 가축들에게 먹이를 담아 주는 그릇)를 의미한다.

마당 6 토론 활동

생각 활짝(72쪽)

■ 생각 그물 : 예

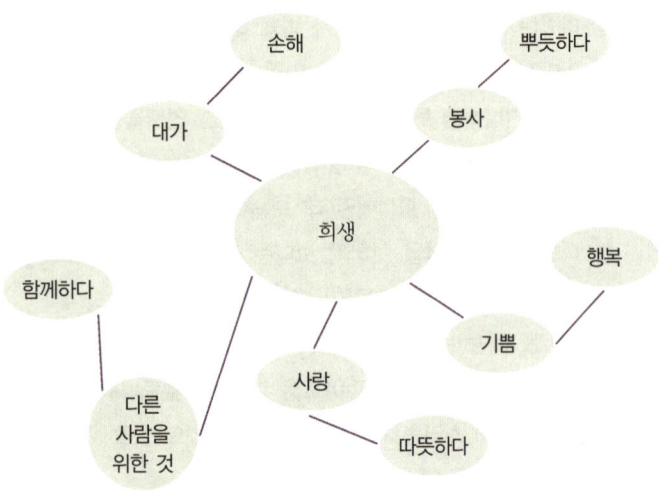

(해설) 학생이 스스로 생각 그물의 얼개를 짜 볼 수 있도록

생각 주렁주렁(토론)

희생하더라도 남을 돌봐야 해요 (74쪽)

1. 자신을 희생하더라도 남을 돌봐야 한다.
2. 그 이유는 자신의 희생을 통해서 자기보다 불우한 사람이 행복해질 수 있다면, 그것보다 더 큰 보람은 없기 때문입니다.
   (해설) 진경이가 자신을 희생하더라도 남을 돌봐야 한다고 생각하게 된 직접적인 원인을 글 속에서 찾아볼 수 있도록 한다. 이 글에서는 '그 이유는~때문이다.'의 형태로 제시되어 있다.
3. 예 모든 사람들이 자신만을 생각하여 자신을 조금도 희생하지 않는다면, 이 사회는 인정 없는 삭막한 사회가 될 것이다.

희생하면서까지 남을 돌볼 필요는 없어요 (75쪽)

1. 자신을 희생하면서까지 남을 돌볼 필요는 없으며, 내 삶에 피해를 받지 않는 범위 내에서 남을 돌보아야 한다.
2. 가장 소중한 것은 나 자신입니다. 나를 잃어가면서까지 남을 도울 필요는 없습니다.
3. 예 자신을 희생하며 하는 봉사보다는, 자신의 삶을 잘 돌보면서 남을 돌보는 것이 더욱 현명한 봉사라고 생각한다. / 우리가 남에게 봉사하는 이유는 베푸는 것에서 기쁨을 느끼고, 그것에서 삶의 가치를 찾을 수 있기 때문이다. 즉, 봉사도 자기 만족을 위한 것인데, 나를 희생하면서까지 자기 만족을 얻을 필요는 없다고 생각한다 등

(해설) 자신의 삶을 돌보지 않고 남을 돕는다는 것이 정말 가

치 있는 일인지, 우리가 봉사를 하는 이유는 무엇인지 등에 대해 생각해 보고, '자신을 희생하면서까지 남을 돌볼 필요가 없다.'는 주장을 뒷받침할 만한 이유들을 찾아볼 수 있도록 한다.

생각 또박또박(의견 정리)

📄 76쪽

	남을 돌봐야 한다
의견 쓰기 (한 문장으로 쓰세요.)	자신을 희생하더라도 남을 돌봐야 한다.
그렇게 결정한 이유	자신을 조금만 희생한다면 서로 돕고 돕는 살기 좋은 사회가 되기 때문이다.
이유에 대한 자세한 설명 (예를 제시하면 좋아요.)	남을 돕는 것 자체를 가치 있게 생각하고 기쁘게 생각한다면, 자신에게 돌아오는 이익이 없거나 심지어 자신이 손해를 본다해도 남을 위해 기꺼이 일하려 할 것이다. 그리고 이러한 사람들이 많아지면 우리 사회는 서로 돕고 돕는 살기 좋은 사회가 될 것이다.
전체 내용 정리하기	자신을 희생하더라도 남을 돌봐야 한다. 봉사란, 자신의 이익이나 손해를 따지지 않고 순수한 마음으로 하는 것이다. 남을 돕는 것 자체를 가치 있게 생각하고 기쁘게 생각한다면, 자신에게 돌아오는 이익이 없거나 심지어 자신이 손해를 본다 해도 남을 위해 기꺼이 일하려 할 것이다. 그리고 이러한 사람들이 많아지면 우리 사회는 서로 돕고 돕는 살기 좋은 사회가 될 것이다. 그러므로 자신을 희생하더라도 남을 돌봐야 한다고 생각한다.

	남을 돌볼 필요는 없다
의견 쓰기 (한 문장으로 쓰세요.)	자신을 희생하면서까지 남을 돌볼 필요는 없다.
그렇게 결정한 이유	남을 위한 봉사도 자기 만족을 위한 것이기 때문이다.
이유에 대한 자세한 설명 (예를 제시하면 좋아요.)	우리가 남에게 봉사하는 이유는 베푸는 것에서 기쁨을 느끼고, 그것에서 삶의 가치를 찾을 수 있기 때문이다. 결국 우리가 봉사를 하는 이유는 자기 만족을 위한 것이다. 그런데 자기 만족을 위해서 나를 희생한다면, 그것은 소(小)를 위해서 대(大)를 희생하는 격이 되고 만다.
전체 내용 정리하기	자신을 희생하면서까지 남을 돌볼 필요는 없다. 우리가 남에게 봉사하는 이유는 베푸는 것에서 기쁨을 느끼고, 그것에서 삶의 가치를 찾을 수 있기 때문이다. 결국 우리가 봉사를 하는 이유는 자기 만족을 위한 것이다. 그런데 자기 만족을 위해서 나를 희생한다면, 그것은 소(小)를 위해서 대(大)를 희생하는 격이 되고 만다. 그러므로 자신을 희생하지 않고, 내가 할 수 있는 범위 내에서 최선을 다해 봉사하는 것이 현명한 봉사라고 생각한다.

(해설) 봉사의 진정한 의미를 무엇이라고 생각하는지에 따라 의견이 달라질 수 있다. 우리가 봉사를 해야 하는 이유를 생각해 보고, 그것을 바탕으로 자신의 생각을 정리해 볼 수 있도록 한다.

[마당 6 룰루랄라 글쓰기]

낱말과 문장을 알아봐요

📄 첫 번째 문제(77쪽)

1. 병환
2. 행실
3. 능란하다
4. 선뜻하다
5. 곡절
6. 완고하다

(해설) 그 밖에 낱말 상자 안에 있는 단어의 뜻을 살펴보면 다음과 같다.
• 표절 : 시나 글, 노래 따위를 지을 때에 남의 작품의 일부를 몰래 따다 쓰는 행위를 말한다. / • 애처롭다 : 가엾고 불쌍하여 마음이 슬픈 상태를 나타낸다. / • 구걸하다 : 돈이나 곡식, 물건을 따위를 거저 달라고 비는 것을 말한다. / • 푸념 : 마음 속에 품은 불평을 늘어놓거나 그런 말을 하는 것을 나타낸다. / • 애끓다 : 몹시 답답하거나 안타까워 속이 끓는 듯한 심리 상태를 나타낸다.

📄 두 번째 문제(78쪽)

1. 예 그 사람은 무슨 곡절로 여기에 온 것일까? / 많은 곡절 끝에 겨우 수학 숙제를 끝마쳤다 등
2. 예 지현이는 행실이 바르다. / 어른 앞에서는 바른 행실을 보여야 한다 등
3. 예 재희의 그림 솜씨는 매우 능란하다. / 어머니께서는 요리에 능란하시다 등
4. 예 완고한 우리 엄마는 거짓말 하는 것을 제일 싫어하신다. /

우리 형은 아빠를 닮아 성격이 완고하다 등

5. 예) 밤길을 혼자 걸을 때 누군가의 발자국 소리가 들리면 섬뜩하다. / 갑자기 정전이 되어 섬뜩하다 등
6. 예) 민지는 행실이 바르고, 성격이 완고하다. / 완고한 아버지는 항상 나에게 행실을 바르게 하라고 말씀하신다 등
(해설) 제시된 낱말의 형태를 바꾸어서 활용해 볼 수 있도록 한다.

세 번째 문제(78쪽)

1. 예) 나는 어제 아침에 학교에 갔다가 집으로 돌아와서, 오후에는 동생과 게임을 하고 놀았다. / 나는 어제 가족과 함께 영화관에 가서 영화를 보고 외식을 했다 등

독서 감상문을 써 봐요

첫 번째 문제(79쪽)

1. (가)
2. (나)
3. (다), (라)

두 번째 문제(80쪽)

1. 예) 「흥부전」의 줄거리는 다음과 같다. 옛날 어느 마을에 놀부와 흥부 형제가 살았다. 두 형제의 부모님이 돌아가시면서 두 형제에게 재산을 물려주었지만, 놀부는 재산을 독차지하려고 흥부네 가족을 내쫓았다. 쫓겨난 흥부는 가난에서 벗어나려고 온갖 노력을 다해 보지만 늘 헐벗고 굶주리며 살아갔다. 그러던 어느 날, 흥부는 새끼 제비 한 마리가 둥지에서 떨어져 다리가 부러진 것을 발견하였다. 흥부는 그 새끼 제비를 정성껏 치료해 주었고, 이듬해 봄에 제비는 박씨를 물고 왔다. 흥부는 박씨를 심었고, 박에서 온갖 보물이 나와 부자가 되었다. 이 소식을 들은 놀부는 샘이 나서 자신도 제비 다리를 일부러 부러뜨리고는 치료해 주었다. 놀부도 제비가 물어다 준 박씨를 심고 박을 탔는데, 그 속에서 무서운 도깨비가 나타나 놀부의 재물을 몽땅 빼앗아 버렸다. 그러자, 흥부는 거지가 된 놀부에게 자신의 재산을 나눠 주었다.
(해설) 학생 스스로 책을 선택하여 읽고 발표하는 시간을 갖는다. 먼저 친구들에게 자신이 읽은 책의 줄거리를 소개하고, 독서 감상문을 발표하도록 한다.

2. 예) ○○○○년 ○○월 ○○일 날씨 : 맑음

수업이 끝나고 집에 가 보니 내 책상 위에 「흥부전」이라는 책이 놓여 있었다. 그리고 책 위에는 쪽지가 하나 붙어 있었다. 쪽지에는 "어제 엄마한테 왜 혼났는지 이 책을 통해 배우길 바라며, 엄마가."라고 쓰여 있었다.

「흥부전」을 읽으면서, 어제 동생을 때린 내 모습이, 착한 동생을 괴롭히는 '놀부' 같다는 생각이 들었다. 동생은 나와 놀고 싶어서 그런 것인데 나는 잘못도 없는 동생에게 너무 심하게 대했다. 또한, 형제 간의 우애란 서로 힘들 때 도와주고, 어떠한 잘못도 용서할 수 있는 '사랑'이라는 것을 배웠다. 이제부터는 동생을 아끼고 사랑하는 형이 되어야겠다.

(해설) 독서 감상문은 말 그대로 독서를 한 후의 느낌을 적은 글이다. 그런 의미에서 좋은 독서 감상문이란, 책을 읽고 나서 느낀 가장 가치 있는 생각을 적은 글이라고 말할 수 있다. 여기에서 제시한 것은 독서 감상문의 기본 형태로, 이를 반드시 따라야 할 필요는 없다. 다만, 독서 감상문의 기본이라는 것을 알려 주고, 독서 감상문을 쓸 때에는 학생이 책을 읽고 느낀 점을 자유롭게 떠올려 보고, 그 중에서 가장 가치 있다고 생각되는 느낌을 중심으로 써 나갈 수 있도록 한다.

마당 7 주제 활동

생각 활짝(82쪽)

(해설) 친한 친구가 전학을 간 일, 키우던 애완동물이 죽은 일, 할아버지가 병으로 세상을 떠나신 일 등 학생이 실제 겪었던 이별을 떠올려 보고, 그때의 기분을 말해 보는 시간을 갖는다.

생각 주렁주렁(읽을거리)

죽음에게 인사를(83쪽)

1. 사람이 태어나는 것을 '배가 항구를 떠나 바다로 나아가는 것(출항)'에 비유하였고, 사람이 죽는 것을 '배가 항구로 돌아오는 것(입항)'에 비유하였다.

2. 예) 베스야, 내 죽음을 축복해 줘, 비록 짧은 삶이었지만 너와 친구가 될 수 있어서 정말 행복했어. / 베스야, 난 너를 원망하지 않아. 그동안 너는 나에게 맛있는 먹이도 주고, 친구도 되어 주었어. 정말 고마워. / 네가 나에게 조금만 관심을 주었다면 난 이렇게 죽지는 않았을 거야 등

(해설) 피프는 「작은 아씨들」에서 셋째 베스가 기르던 애완용 새이다. 네 자매는 휴가 기간 동안 자신들이 하고 싶은

대로 해 보기로 했다. 그래서 베스는 인형에게 새 옷을 만들어 입힐 계획을 세웠으나, 일이 손에 잡히지 않아 피아노를 치면서 쓸데없이 시간을 보냈다. 그러던 중에 피트에게 물과 먹이를 주는 것을 잊어버려서 그만 피프가 죽게 되었다.

아버지의 마음(84쪽)

1. 회사 일로 혼자 뉴욕에 가서 일하고 있기 때문이다.
2. (예) 아버지가 더욱 그리울 것이다. / 아버지께서 곧 오신다고 하니 기쁠 것이다. / 아버지의 빈자리가 새삼 느껴 질 것이다 등
   (해설) 사랑하는 아버지와 떨어져 지내는 마음이 어떨지 상상할 수 있도록 한다.
3. (예) 아버지가 위험한 전쟁터에 계시므로 걱정이 될 것이다. / 아버지가 몸 건강하게 돌아오시기를 바랄 것이다. / 아버지가 안 계셔도 씩씩하게 잘 있겠다고 다짐할 것이다 등

사진 속에 담긴 추억(85쪽)

1. (예) 처음에는 이별을 슬퍼했지만, 사랑했던 기억을 추억으로 간직하며 슬픔을 달랬다. / 처음에는 펑펑 울며 사랑하던 사람을 그리워했지만, 며칠 후에는 그 사랑을 추억으로 간직하며 마음을 정리했다 등
   (해설) 여자는 사랑하는 사람과 이별한 후 사랑에 대한 미련 때문에 힘들어했다. 하지만 슬픔을 극복하고 이별을 받아들였다.
2. (예) 언덕 위로 있는 힘껏 달려가서 큰소리로 울었을 것이다. / 로리와 하루 종일 뛰어놀며 슬픔을 잊으려 했을 것이다. / 아무렇지도 않은 듯이 평소대로 행동했을 것이다. / 사랑했던 사람과의 추억을 소설로 썼을 것이다 등

생각 또박또박(통합 교과 논술)

문제를 해결해 봐요(88쪽)

1. 피프가 죽은 것이 자기 탓이라고 생각하고 눈물만 흘린다.
   (해설) 베스는 피프와의 이별을 슬퍼하고만 있다.
2. 당황하지 않고 차분하게 피프의 죽음을 받아들인다.
   (해설) 조는 피프의 죽음이, 제대로 된 것이 없었던 이번 주의 희생이라고 말하면서 베스를 달래고 있다. 이를 통해, 조는 피프와의 이별을 차분하게 받아들인다는 것을 알 수 있다.
3. 처음에는 펑펑 울며 이별을 슬퍼했지만, 며칠 후에는 사랑했던 기억을 추억으로 간직하며 슬픔을 달랬다.
   (해설) 만화 (나)의 여자는 처음에는 눈물만 흘리며 슬퍼했지만, 사랑을 추억으로 간직하겠다며 이별의 슬픔을 극복하였다.
4. (예) 이별을 차분하게 받아들이고, 가는 이의 앞날을 축복해 주는 것이다. 또한, 이별을 긍정적으로 받아들이고, 내게 주어진 삶을 꿋꿋하게 살아가는 것이다.
   (해설) 글 (가)와 (나)에서 인물들이 이별을 받아들이는 자세의 공통점과 차이점을 통해 자신의 생각을 정리해 보게 한다.

5. ■ 개요 : (예)

구 분	내 용
처음	• 이별을 경험하는 사람들 – 이별은 누구에게나 찾아온다.
가운데	• 이별을 받아들이는 자세 1 – 글 (가)에서 베스는 피프와의 이별을 슬퍼하고만 있다. • 이별을 받아들이는 자세 2 – 글 (가)에서 조는 피프와의 이별을 차분하게 받아들인다. • 이별을 받아들이는 자세 3 – 만화 (나)에서 여자는 처음에는 눈물만 흘리며 슬퍼했지만, 나중에는 사랑을 추억으로 간직하며 슬픔을 이겨 냈다. • 내가 생각하는 이별을 받아들이는 올바른 자세 – 이별을 차분하게 받아들이고, 가는 이의 앞날을 축복해 준다. – 이별을 긍정적으로 받아들이고, 내게 주어진 삶을 꿋꿋하게 살아간다.
끝	• 내 삶에 도움이 되는 이별의 자세 – 이별을 슬기롭게 극복하여 내 삶에 도움이 되도록 해야 한다.

■ 답안 : (예)

이별의 종류에는 여러 가지가 있다. 사랑하는 연인과 헤어지거나, 기르던 애완동물이 죽거나, 친한 친구가 전학을 가거나, 할아버지께서 돌아가시는 등 우리는 수많은 이별을 경험한다. 이렇게 이별의 종류가 다양하듯이 이별을 받아들이는 자세도 사람마다 다르다.

글 (가)에서 베스는 피프가 죽자, 피프와의 이별이 자기 탓이라며 눈물만 흘린다. 이렇게 슬퍼만 하는 것은 자신의 생활에 도움이 안 된다. 우울해져서 자신의 생활을 즐겁게 할 수 없기 때문이다. 그러나 조는 피프의 죽음이 슬프지만 크게 동요하지 않고 차분하게 행동한다. 이러한 자세를 가지면 좌절하지 않고, 꿋꿋하게 이별을 이겨 낼 수 있다. 또한, 만화 (나)에서 여자는 처음에는 눈물만 흘리며 슬퍼했지만, 사랑을 추억으로 간직하며 슬픔을 이겨 낸다. 이렇게 이별을 긍정적으로 받아들이고, 이별을 극복하겠다는 의지를 가지면 앞으로의 삶에 도움이 된다.

따라서 이별을 받아들이는 가장 올바른 자세는, 이별을 차분하게 받아들이고, 가는 이의 앞날을 축복해 주는 것이라고 생각한다. 이별을 긍정적으로 받아들이고 내게 주어진 삶을 꿋꿋하게 살아간다면, 이별의 슬픔은 극복될 것이다.

이별은 누구에게나 찾아온다. 특히, 아끼고 사랑하는 존재와의 이별은 감당하기 힘들 만큼 아프고 힘이 든다. 하지만 불행이 있어야 행복의 소중함을 알듯, 이별이 있어야 만남의 소중함도 알 수 있다. 그러므로 이별에 슬퍼하거나 좌절하지 말고, 이별을 슬기롭게 극복하여 내 삶에 도움이 되도록 해야 한다.

마당 8 과학탐구활동

생각 활짝

▶ 생각해 봐요(94쪽)

■ ㉠ 눈싸움 / 눈사람 만들기 / 발자국 찍기 놀이 / 눈썰매 타기 등

(해설) 눈 내리는 날을 떠올리며 경험을 바탕으로 말한다.

눈과 관련된 속담
- 눈발이 잘면 춥다. : 겨울에 눈발이 잘면 날씨가 춥고, 눈발이 크면 날씨가 따뜻하다는 뜻이다. 상층 대기 온도가 영하 1~영상 5°C로 비교적 포근하면, 작은 눈 결정은 공중에서 땅으로 내려오면서 서로 뭉쳐져 함박눈이 된다. 하지만 훨씬 추운 날에는 눈송이가 잘 달라붙지 못해서 가루 눈이 되고 만다.
- 눈이 많이 오면 보리 풍년이 든다. : 겨울에 눈이 많이 와서 보리 위에 쌓이면, 보온이 되어 보리가 얼어 죽는 일이 없어 풍작을 이루게 된다.
- 손님은 갈수록 좋고, 눈은 올수록 좋다. : 반가운 손님이라도 여러 날 묵게 되면 싫증이 나고, 눈은 많이 오면 보리가 풍년이 들어 좋다는 뜻이다.
- 쥐구멍에 눈 들어가면 보리 농사 흉년 된다. : 조그만 쥐구멍에도 들어갈 정도로 매우 강한 바람이 불면, 보리 위에 쌓였던 눈이 날려서 보리 농사를 망친다는 뜻이다.
- 눈 많이 오는 해는 풍년이 들고, 비 많이 오는 해는 흉년이 든다. : 눈이 많이 오면 그 눈이 녹으면서 지하로 깊이 스며들어 봄 가뭄에 도움이 되므로 풍년이 들고, 여름에 큰 장마가 들면 수해로 흉년이 든다는 뜻이다.

생각 또박또박(통합 교과 서술)

▶ (99쪽)

1. 눈은 크기와 모양이 다양한 얼음 알갱이들이 모여서 만들어진 것인데, 눈송이 사이사이에 빛이 들어가면 모든 빛은 반사되고, 반사된 빛들이 섞이기 때문에 우리 눈에 하얗게 보이는 것이다.
2. 쌓인 눈 위로 사람들이 지나다니면 사람의 무게 때문에 눈이 얼음으로 변해서 미끄러워지기 때문이다.
3. ㉠ 풋눈 : 초겨울에 조금 내리는 눈이 풋내기 같으므로 / 마른 눈 : 비가 섞이지 않고 내리는 건조한 눈이므로 / 싸라기눈 : 싸라기눈은 빗방울이 갑자기 찬 바람을 만나 얼어서 떨어지는 눈인데, 그 모양이 쌀알 같으므로 / 함박눈 : 굵고 탐스럽게 내리는 눈이 마치 함박 웃음을 짓는 것 같으므로 등

(해설) 학생이 순 우리말로 된 눈 이름을 모를 경우에는 답안으로 제시된 눈 이름을 알려 주고, 그러한 이름이 붙은 이유를 써 보게 한다.

[마당 8 논리야 논리야]

▶ 논리 알기(103쪽)

1. ②

(해설) '흑백 논리의 오류'를 범한 것은 ②번이다. 부탁을 들어주면 나를 좋아하는 것이고, 부탁을 거절하면 나를 싫어하는 것이라는 생각은, 이것 아니면 저것이라는 '흑백 논리의 오류'이다. 부탁을 거절하는 이유가 그 사람이 싫어서일 수도 있지만, 다른 일이 있어서일 수도 있고, 몸이 아파서 부탁을 못 들어주는 것일 수도 있다. ①번은 '감정에 호소하는 오류'이다. 동정, 연민, 공포 등의 감정에 호소하여 발생하는 오류이다. ③번은 '사적 관계에 호소하는 오류'이다. 두 사람의 사적인 관계에 호소하여 발생하는 오류이다. ④번은 '강조의 오류'이다. 문장의 어느 한 부분을 강조하여 발생하는 오류이다. 여기서는 도와야 하는 대상에 초점을 두어 오류를 범하고 있다.

2. 하늘이는 '창민이의 방법대로 숙제를 해서 실패, 자신(하늘이)의 방법대로 숙제를 했으면 성공'이라고 생각하고 있다. 즉, 흑백 논리의 오류를 범하고 있다. 두 사람의 방법 중 한 가지 방법만이 숙제를 성공적으로 하는 방법인 것은 아니다. 하늘이의 방법도 실패할 수 있고, 두 사람의 방법을 합쳐야만 성공할 수도 있기 때문이다.

3. ㉠ 그 사람은 민주주의자가 아니니까 독재주의자야. / 동욱이는 한별이를 좋아하지 않는다. 그러므로 동욱이는 한별이를 싫어하는 것이 분명하다 등

마당 5~8 - 듣기 평가 ②
귀에 쏙쏙 생각쑥쑥

[1~3] 듣기 대본(104쪽)

다음날 아침, 메그는 열 시까지 늦잠을 잤다. 그래서 모두들 아침을 끝낸 뒤라 혼자서 아침을 먹었는데, 어떻게 된 셈인지 여느 때와 달리 조금도 맛이 없었다. 아무도 꽃병에 꽃을 꽂지 않았고, 방을 깨끗이 청소하지도 않았기 때문에 사방이 지저분해서 기분이 나빴다.

그래서 메그는 집 안에서 여느 때와 같이 깨끗하게 정돈이 되어 있는, 단 한 곳뿐인 어머니 방 의자에 앉아서 책을 읽기 시작했으나, 하품만 나오고 흥이 나지 않았다.

조는 아침에 로리와 같이 냇가에 갔다가 돌아와서, 오후에는 사과나무 가지에 걸터앉아 책을 읽었다.

베스는 인형 옷을 만들려고 바느질 상자에 몽땅 뒤집어 놓았으므로, 방 안이 온통 작은 헝겊 조각으로 가득 찼다. 그러나 일이 손에 잡히지 않아 쓸데없이 피아노를 치면서 시간을 보냈다.

에이미는 제일 좋은 옷을 입고, 머리를 예쁘게 빗어 올린 채, 마당 한 모퉁이에 귀부인과 같은 표정으로 그림을 그리기 시작했으나, 얼마 안 가 싫증이 나서 걷어치웠다.

1. ④
2. ③
(해설) 어머니 방 의자에 앉아서 책을 읽은 사람은 메그이다.
3. ㉠ 작은 아씨들의 하루 / 메그, 조, 베스, 에이미의 게으른 생활 / 빈둥빈둥 네 자매의 하루 등

[4~5] 듣기 대본(104~105쪽)

어머니는 딸들을 둘러보며,
"너희들의 일은 해너와 로렌스 할아버지께 부탁 드려 두었다. 해너는 충실하고 로렌스 할아버지는 너희들을 자기 딸들처럼 돌봐 주실 테니까, 하나도 걱정될 것은 없다. 다만 이번 일로 내가 없는 동안이라도 기운을 내고 각자가 늘 하듯이 맡은 일을 충실히 해야 한다. 일하는 것이 무엇보다 큰 위로가 되니까, 희망을 품고 늘 열심히 일하고 있거라."
"예, 어머니."
"메그, 너는 동생들을 잘 돌봐 주어야 한다. 해너하고도 의논해서 하여라. 만일 어려운 일이 생기면 로렌스 할아버지 댁에 가서 의논해라. 조, 너는 엉뚱한 짓을 삼가야 해. 그리고 때때로 편지를 보내다오. 용기를 내서 우리 모두들 서로 도와서 힘을 내자. 베스, 너는 쓸쓸하면 음악으로 위로 삼고 자질구레한 집안일을 도와라. 에이미, 너는 말을 잘 듣고 무엇이든지 심부름도 잘해서 집안을 평화롭고 즐겁게 해라. 알겠니?"
"알았어요. 어머니가 말씀하신 대로 하겠어요."

4. ㉡
(해설) 군목인 아버지께서 전쟁터에 나가신 후, 네 자매들은 어머니와 가정부인 헤너와 함께 살고 있었다. 그러던 어느 날, 아버지께서 아프시다는 전보가 왔다. 들려 준 이야기는 어머니께서 아버지의 병환을 살피기 위해 떠나시는 장면이다.

5. (1) 엉뚱한 짓을 삼가라. — ㉠ 조
   (2) 자질구레한 집안일을 도와라. — ㉡ 메그
   (3) 동생들을 잘 돌봐 주어야 한다. — ㉢ 베스
   (4) 말을 잘 듣고 심부름을 잘 해라. — ㉣ 에이미

6. ④
(해설) 베스가 병에 걸리자 어린 에이미에게도 병이 전염될까봐, 에이미는 마치 아주머니 댁으로 가게 되었다.

7. ㉠ 나는 메그와 가장 닮았다. 메그는 동생 셋을 챙기는 어른스러운 맏딸이다. 나도 동생 둘이 있는데, 바쁘신 부모님을 대신해서 동생을 돌본다. 부모님은 그런 내가 어른스럽다고 말씀하신다. / 나는 글쓰기를 좋아하는 조와 닮았다. 나도 소설 쓰는 것을 좋아하는데, 얼마 전에는 '도내 글짓기 대회'에서 '우수상'을 받았다. / 나는 베스와 닮았다. 베스는 수줍음이 많다. 나도 모르는 사람 앞에서는 아무 말도 못하고 고개를 숙이고 만다. / 나는 에이미와 닮았다. 나는 꾸미는 것을 좋아하고, 어른들의 귀여움을 독차지한다. 이런 나를 우리 엄마는 '꼬마 숙녀'라고 부르신다 등

(해설) 성격뿐만 아니라, 외모, 재능 등에서 닮은 점을 찾아도 좋다.

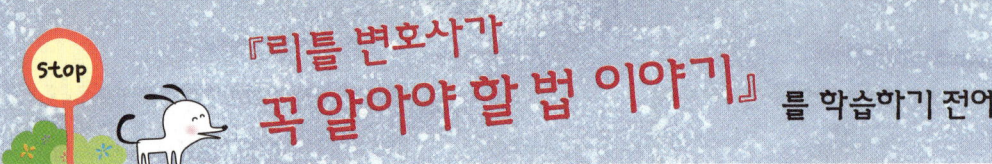
『리틀 변호사가 꼭 알아야 할 법 이야기』를 학습하기 전에

학습 내용

활동명	학습 내용	지도 방법	새 교육 과정
독서 활동	「리틀 변호사가 꼭 알아야 할 법 이야기」의 일부분 읽기	이 교재에 실린 부분만 읽고도 활동할 수 있게 해 놓았다. 그러나 될 수 있으면 학생이 필독서를 다 읽은 다음, 이 활동을 할 수 있도록 한다.	인물과 사건을 중심으로 주제를 파악할 수 있다. / 작품에서 느낀 감동을 정리하고 표현할 수 있다. (4학년 국어)
토론 활동	국위 선양을 한 운동 선수에게 혜택을 주어도 될까요?	토론 주제에 대해 찬반양론의 의견을 검토한 다음, 자신의 의견을 정하도록 한다.	자신과 다른 사람의 생각의 차이를 파악할 수 있다. (4학년 국어)
룰루랄라 글쓰기	낱말과 문장을 알아봐요 / 요약해 봐요	「리틀 변호사가 꼭 알아야 할 법 이야기」의 낱말을 익혀서 문장을 쓰고, 내용을 요약하여 써 볼 수 있도록 한다.	맥락에 따라 낱말 선택이 달라짐을 이해할 수 있다. (5학년 국어) / 내용을 요약할 수 있다. (4학년 국어)
주제 활동	법	법에 대해서 이해하고, 이 주제를 「리틀 변호사가 꼭 알아야 할 법 이야기」와 연결시킨 논술 문제를 풀면서 법에 대해서 심층적으로 생각할 수 있도록 한다.	우리가 지켜야 할 법과 규칙을 이해할 수 있다. (6학년 도덕)
나도 영재	배부른 원숭이	일상에서 수학적 원리를 발견하고, 이를 논리적으로 해결할 수 있도록 한다.	덧셈과 곱셈, 나눗셈, 문제를 해결할 수 있다. (4학년 수학)
과학 탐구 활동	색	초등학교 6학년 과학 교과에서 배우는 색에 대해서 학습한다. 그리고 「리틀 변호사가 꼭 알아야 할 법 이야기」의 내용 중 색과 연관된 부분을 읽고 문제를 풀면서 이 주제를 확실히 이해할 수 있도록 한다.	물체가 보이는 과정을 빛의 진행과 관련지어 설명할 수 있다. (6학년 과학)
일상에서 배우는 수학	지금은 몇 시?	만화에서 벌어지는 상황을 이해하고, 이를 일상생활에 적용하여 문제를 해결하도록 한다.	다양한 변화 규칙을 수로 나타내고 설명할 수 있다. (4학년 수학)
귀에 쏙쏙 생각 쑥쑥	듣기 평가	필독서 전체를 다 읽은 학생에 한하여 듣기 대본을 정확하게 읽어 주고, 다양한 문제를 해결하도록 한다.	설명하는 말을 듣고 중요한 말을 이해한다. (4학년 수학)

전체 줄거리 (밑줄 친 부분은 이 교재에 나와 있는 부분임.)

「리틀 변호사가 꼭 알아야 할 법 이야기」는 미래의 법률 전문가를 꿈꾸는 어린이들이 꼭 알아야 할 법률 상식을 알기 쉽게 풀어 쓴 책이다. 한 나라의 최고법인 '헌법'과 일상 생활과 가까운 '민법', 범죄자를 처벌하는 '형법'에 이르기까지 여러 가지 법의 개념들을 흥미롭게 배울 수 있다. 또한 동화, 만화, 퀴즈 등 다양한 형식의 이야기와 풍

부한 삽화가 딱딱하고 멀게만 느껴지던 법을 쉽고 친근한 것으로 만들어 준다.

엉망이는 학교 가는 길에 만난 이웃집 할아버지께 인사도 안 하고, 버스 정류장에서는 새치기를 했으며, 버스 안에서는 큰소리로 전화를 했다. 이러한 엉망이의 행동을 통해 법과 도덕의 차이를 배울 수 있다.

불평이 아저씨는 위층에서 들리는 소음, 창문 밖에서 나는 지독한 냄새, 욕실 수도꼭지에서 나오는 흙탕물, 높은 아파트에 가려서 햇빛이 잘 들지 않는 환경 때문에 매일 투덜거리며 살고 있다. 이러한 불평이 아저씨의 예를 통해 환경법에 대해서 배울 수 있다.

이 밖에도 크레파스에서 살색이란 이름이 없어지게 된 이야기를 통해 인권법의 중요성을 배울 수 있고, 소비자 대통령 랄프 레이더의 일화를 통해 소비자의 권리를 찾아 주는 법의 유용성을 깨달을 수 있다.

법의 분류

- **국내법** : 한 나라의 주권이 미치는 범위 내에서 적용되는 국가와 국민 사이 또는 국민 상호 간의 권리, 의무 관계를 규율하는 법이다.
- **국제법** : 다수 국가들 사이에 적용되는 법으로, 국가 상호 간의 관계 또는 국제 조직 등에 대하여 적용 되는 법이다.
- **공법** : 국가 또는 공공 단체 등을 법적 주체의 한 당사자로 하여 공권력 관계를 다루는 법이다.
- **사법** : 자연인, 사법인(사단 법인, 재단 법인) 등 사인(私人)을 주체로 하여 대등한 법률 관계를 다루는 법이다.
- **사회법** : 개인주의적인 법의 원리를 수정 또는 보충하여 사회적 사상과 조건에 따라 법률 관계를 인도하는 법이다. 즉, 사법과 공법의 중간적인 법이다.
- **실체법** : 법은 규정하는 내용에 따라 실체법과 절차법으로 나눌 수 있다. 실체법은 법률 관계의 발생, 변경, 소멸 등을 규정한 법이다.
- **절차법** : 실체법에 의해 규정된 권리와 의무를 실현하기 위한 수단과 방법을 규율하는 법이다.

색의 여러 가지 효과

- **빨간색** : 빨간색은 신경을 자극하여 긴장감과 불안감을 초래하지만, 활동성이 강해 다양한 아이디어와 감성을 자극시킨다. 빨간색은 자극적인 효과를 가지고 있기 때문에, 에너지가 떨어지고 좌절감을 느낄 때 빨간색으로 감성 지수를 높이면 의욕과 활기가 생기게 된다.
- **주황색** : 주황색은 행복과 즐거움을 주는 색으로 삶에 풍요로움을 느끼게 한다. 화려함과 사치스러움의 느낌을 가지고 있기 때문에 파란색이나 초록색과 조화를 이루면 안정감과 침착함을 주며, 감각과 감성을 발달시킨다. 일의 능률이 오르지 않거나 창의성이 떨어지고 지루함을 느낄 때 주황색을 이용하면 감수성이 높아진다.
- **노란색** : 노란색은 전체 색 중에서 가장 환하고 행복한 느낌을 주는 색이다. 뇌를 자극함으로써 머리를 맑게 하고 판단력이 빨라지게 한다. 노란색은 사람의 기분을 즐겁게 만들어 주며, 건강한 정신을 가지게 한다. 밝고 따뜻한 느낌을 통해 우울증과 신경질적인 심리에 안정을 주고, 창의력과 사고력을 풍부하게 만든다.
- **초록색** : 초록색은 내면적 감정을 조화시키는 힘을 가지고 있어서, 스트레스를 줄이고 불안정한 감정을 차분하게 만들어 준다. 그런데 부드럽고 선명한 초록색은 편안함과 상쾌함을 느끼게 하지만, 탁한 초록색은 소극적이고 집착이 강한 성격으로 변하게 할 수 있다.
- **파란색** : 파란색은 창조성을 높여 주고 창의력과 풍부한 상상력을 만들어 준다. 또한, 불면증이나 불안감을 심리적으로 해소시켜 주며, 자신감을 만들어 준다. 하지만 오랫동안 파란색을 접하면 오히려 우울한 감정이 생길 수도 있다.

마당 9 독서 활동

생각 주렁주렁(동화1) - 엉망이의 하루

생각해 봐요(110, 111쪽)

- 110쪽 : 예 버스를 타는 데에 시간이 많이 걸려서 많은 사람들이 불편해할 것이다. / 차례를 지키지 않은 사람들이 많아져서 사회가 제대로 돌아가지 않을 것이다 등
  (해설) 엉망이와 같은 행동이 다른 사람에게 피해를 준다는 것을 알게 하고, 공중도덕을 지키도록 한다.

- 111쪽 : 예 피해를 준 사람들을 찾아가서 사과를 하고 확인서를 받아 오게 한다. / 사람들에게 피해를 준 횟수만큼 반성문을 쓰게 한다. / 사람들에게 피해를 줄 때마다 꿀밤을 준다. / '질서 지키기' 약속을 하고, 어길 때마다 엉덩이를 때려 준다 등

확인해 보아요(112쪽)

1. 엉망이는 이웃집 할아버지를 그냥 모르는 체하고 지나쳤다.
2. 엉망이는 정류장에서 줄을 선 친구들을 제쳐두고 은근슬쩍 앞으로 나아가 버스에 올라탔다.
3. 커다란 소리로 전화를 하기 시작했다.
4. 도덕
   (해설) 엉망이는 어른에 대한 예의가 없고, 공중도덕 의식도 전혀 없다. 그렇지만 엉망이가 법을 어긴 것이 아니다. 엉망이는 개인이 지켜야 할 도덕을 지키지 않은 것이다.
5. 법은 강제력을 가지지만 도덕은 강제력을 가지지 않는다.
6. 이웃집 할아버지를 만났지만 인사도 하지 않고 그냥 모른 체 지나쳤다. 그리고 정류장에서 새치기를 하고 버스에 올라탔다. 또한, 버스 안에서 커다란 소리로 전화를 하였다. 이러한 엉망이의 행동은 도덕을 지키지 않은 것이다. 엉망이를 처벌하고 싶지만 그렇게 할 수 없는 이유는, 엉망이가 강제력이 있는 법을 어긴 것이 아니고 강제력이 없는 도덕을 어겼기 때문이다.

말하고 들어 보아요(113쪽)

- 내 생각 : 예 이웃집 할아버지께 인사를 하지 않은 행동은 네 부모님을 부끄럽게 하는 행동이기도 해. 어른들은 예의가 없는 아이를 보면 부모님이 잘못 키우신 탓이라고 말씀하시거든. 부모님의 자랑스러운 아들이 되기 위해서라도 인사를 잘 하는 예의바른 엉망이가 되어야 하지 않겠니? / 줄을 서서 차례를 기다리는 것은 사람들끼리 정한 약속이야. 사람들이 이런 약속을 하고 잘 지켜야, 사회의 질서를 유지할 수 있어. 그런데 너처럼 새치기하는 사람이 많으면 어떻게 되겠니? 서로 버스를 먼저 타겠다고 아우성을 쳐서, 사람들이 빠르게 타지 못하게 될 거야. / 버스 안은 답답한 공간이야. 작은 소리와 행동도 다른 사람에게 영향을 끼칠 수가 있지. 그런데 넌 큰 소리로 전화 통화를 했어. 그건 남을 배려하지 않은 행동이야 등

- 친구 생각 : 예 엉망아, 어른을 보면 인사를 하는 것은 당연한 거야. 할아버지께서는 이웃집에 사시니까 자주 마주치고 서로 왕래도 있을 텐데 그냥 지나쳐 버린 것은 예의에 어긋난 행동이야. / 엉망아, 네가 새치기를 하면 지금까지 줄을 서서 기다렸던 사람들의 기분이 어떻겠니? 너뿐만이 아니라 사람들은 모두 더 빨리 버스에 타고 싶은 마음을 가지고 있어. 사회는 함께 살아가는 곳이야. 네가 남을 배려하는 마음을 가졌으면 좋겠어. / 만약 네가 너무 피곤해서 버스 안에서 잠깐 잠을 자려고 할 때, 누군가가 시끄럽게 떠든다면 네 기분이 어떻겠니? 짜증도 나고 화도 날 거야. 그건 다른 사람들도 마찬가지야. 엉망아, 다른 사람의 입장에서 생각해 보고 행동할 줄 알아야 해 등
  (해설) 엉망이가 잘못한 세 가지 일에 대해서 각각 충고해 주고 싶은 말을 할 수 있도록 한다. 또한, 엉망이와 같은 행동을 한 적이 있는지 생각해 보게 하여 스스로의 행동을 반성하는 시간을 갖는다.

생각 주렁주렁(동화2) - 불평이 아저씨의 하루

생각해 봐요(114, 115쪽)

- 114쪽 : 예 쓰레기 소각장 앞에서 1인 시위를 했을 것이다. / 공기 청정기를 방마다 설치했을 것이다. / 구청을 찾아가서 쓰레기 소각장을 옮겨 달라고 말했을 것이다. / 다른 집으로 이사 갔을 것이다 등
  (해설) 우리 주위를 둘러싼 환경은 우리 몸의 건강과 정신 건강에도 영향을 미칠 수 있다. 사람은 누구나 깨끗한 환경에서 살 권리가 있다. 불평이 아저씨는 '환경법'에 의해서 보호 받을 수 있음을 제시된 글을 통해 알 수 있도록 한다.

- 115쪽 : 예 '동물식 보호'가 떠오른다. / '깨끗하게'라는 낱말이 떠오른다 등
  (해설) 떠오르는 생각을 자유롭게 이야기하는 활동을 통해 학생들의 사고를 확장시킨다.

확인해 보아요(116쪽)

1. 위층에서 들리는 소음 때문이다.
2. 아저씨네 집 근처에 있는 쓰레기 소각장에서 나는 쓰레기 태우는 냄새 때문이다.

3. 수도꼭지를 틀자 흙탕물이 나왔다.
(해설) 윗동네에 들어설 커다란 쇼핑 센터의 수도 공사 때문에 며칠 전부터 수돗물에 흙탕물이 섞여 나왔다.
4. 환경법
5. 자연환경과 관련된 일뿐만 아니라, (공기와 물, 주변의 소음, 쓰레기, 그리고 '집에 햇빛이 얼마나 드는가' 등) 우리를 둘러싼 사회적 조건이나 형편 등을 다룬다.
6. 위층에서 들리는 소음 때문에 일어나자마자 귀마개를 해야 한다. 또한, 쓰레기 소각장에서 나는 쓰레기 태우는 냄새 때문에 창문을 열 수 없으며, 욕실 수도꼭지를 틀면 흙탕물이 나온다. 이러한 일들은 모두 환경법과 관련이 있다. 환경법은 자연 환경 관련된 일뿐만 아니라, 우리를 둘러싼 사회적 조건이나 형편 등을 다루는 법이다.

말하고 들어 보아요(117쪽)

■ 내 생각 : (예) 공장에서 사용한 더러운 물을 강이나 바다로 마구 흘려 보내면 물 속에 사는 생물들이 살 수 없게 된다. / 아파트 위층에서 계속 시끄러운 소리를 내면 아래층에 사는 사람들은 소음에 시달리게 되고, 윗집과 아랫집 사이에 다툼이 일어날 것이다 등

■ 친구 생각 : (예) 야생 동물을 마구 잡으면 희귀한 동물들이 점차 사라질 것이다. / 해외의 유명 유적지나 관광지에는 한글로 된 낙서가 꼭 있다. 낙서를 하는 사람들이 많아지면 환경이 훼손되고, 국가의 이미지도 많이 나빠질 것이다 등

(해설) 환경법은 생활 환경 보전에 관한 법, 자연 환경 보전에 관한 법, 국토 이용에 관한 법, 그리고 에너지와 관련된 법 등으로 나눌 수 있다. 학생이 환경법의 종류를 알고, 우리 생활 주변에서 환경법과 관련된 예를 찾아 말할 수 있도록 한다.

생각 또박또박(NIE)

사건 현장(118쪽)

■ 판결문
1. (예) 소음을 낼 때마다 불평이 아저씨의 집 앞에서 벌을 세운다.
2. (예) 공기 정화 장치를 설치하고, 불평이 아저씨에게 화분을 선물한다.
3. (예) 매일 깨끗한 생수를 불평이 아저씨에게 배달해 준다.

(해설) 불평이 아저씨의 불평을 없애 주기 위해 우리가 배운 환경법을 활용해 본다. 학생이 판사가 되어, 창의적인 판결을 내릴 수 있도록 한다.

우리들 세상(118쪽)

■ 법 만들기 : (예) 어른이 어린이에게 화를 내면 처벌을 받는 법 / 친구를 '돼지'라고 부르면 처벌을 받는 법 / 5살 이하의 어린이를 집에 혼자 내버려 두면 처벌을 받는 법 / 다 쓰지 않은 볼펜을 버리면 처벌을 받는 법 등

(해설) 평소 생활하면서 느꼈던 불편함을 떠올려 보고, 어떤 법이 있으면 좋을지 생각해 보게 한다.

세계에는 재미있는 법이 많이 있다. 덴마크에서는 죄수가 감옥에서 빠져나와 달아나는 것이 불법이 아니다. 미국의 메사추세츠에서는 침실 창을 닫지 않고 코를 골면 위법이다. 미국의 알래스카에서는 곰을 총으로 쏘는 것은 합법이지만, 사진을 찍기 위해 잠자는 곰을 깨우는 것은 위법이다. 학생에게 이러한 예를 말해 주고, 자유롭게 상상하여 말할 수 있도록 한다.

아하! 상식(119쪽)

■ 우리에게 꼭 필요한 법

1. (예) 도로 교통법 : 학교 앞 횡단보도에서 1주일 동안 교통 정리 봉사 활동을 하게 한다. / 사람들이 많이 다니는 횡단보도에서 '횡단보도에서 길 건너기' 구호를 외치게 한다 등
2. (예) 저작권법 : 세 권의 책을 읽고, 독후감을 써 오게 한다. / 독후감의 원래 주인에게 사과의 편지를 쓰게 한다 등
3. (예) 청소년 보호법 : 가게 주인 아저씨에게 3개월 동안 길거리에 떨어진 담배 꽁초를 줍도록 한다. / 가게 주인 아저씨가 부모님이 안 계신 청소년의 '1일 아빠' 가 되어 주게 한다 등

(해설) 설명과 예를 통해 실생활과 관련된 법의 종류를 알아보는 문제이다. 법을 어긴 각각의 상황에 맞게 법을 줄 수 있는 방법을 생각해 보게 한다.

3번 문제의 경우에는 가게 주인 아저씨뿐만 아니라, 담배를 사려고 한 고등 학생들에게도 잘못이 있다. 그러나 이 문제는 '청소년 보호법'을 어겼을 때 그 해결 방법을 생각해 보는 활동이므로 가게 주인 아저씨를 벌할 방법만을 쓸 수 있도록 한다.

> **헌법**
> 헌법은 국가 통치 체제의 기초에 관한 각종 근본 법규의 총체를 말한다. 즉, 모든 국가의 법의 체계적 기초로서 국가의 조직, 구성 및 작용에 관한 근본법이며, 다른 법률이나 명령으로써 변경할 수 없는 한 국가의 최고 법이다.
> 우리나라의 경우, 조선 시대에는 형식적 의미의 헌법이 없었으며, 개화기에 들어와서 '대한 민국 국제' 가 제정되었으나, 이는 왕의 권한만 규정한 것이었다. 이후 1919년에 상해 임시 정부에서 대한 민국 헌법을 제정했으나, 국내에서는 효력을 발휘하지 못했다. 그러다가 1948년 7월 17일에 와서야 국회에서 처음으로 성문 헌법을 제정하게 되었다. 이 헌법은 대한 민국 최초의 근대적 입헌주의 헌법으로, 수차례 개정을 거쳐 현재까지 이어지고 있다.

착한 사마리아 인의 법

'착한 사마리아 인의 법'이란, 자신에게 특별한 위험을 발생시키지 않는데도 불구하고 곤경에 처한 사람을 구해 주지 않은 행위를 처벌하는 법이다. 이 법의 명칭은, 강도를 당하여 길에 쓰러진 유대 인을 보고 당시 사회의 상류층인 제사장과 레위 인은 모두 그냥 지나쳤으나 유대 인과 적대 관계인 사마리아 인이 구해 주었다는 「신약성서」의 이야기에서 유래하였다. 이 법에 따라 프랑스·폴란드·독일·포르투갈·스위스·중국 등 세계 여러 나라에서는 제사장과 레위 인과 같은 행위를 '구조 거부죄' 또는 '불구조죄'로 처벌한다.

'착한 사마리아 인의 법'은 곤경에 처한 사람을 외면해서는 안 된다는 도덕적·윤리적인 문제와 연결된다. 그러나 법과 도덕은 별개라는 입장에서는 개인의 자율성을 존중하여 법이 도덕의 영역에 간섭해서는 안 된다는 반론을 펴기도 한다.

우리나라에서는 착한 사마리아 인의 법이 적용되지 않는다. 그러나 노인이나 영아, 직계 존속, 질병 등의 사유로 도움을 필요로 하는 사람을 보호할 법률상·계약상 의무가 있는 자가 그들을 유기한 때에는 유기죄로 처벌 받는다.

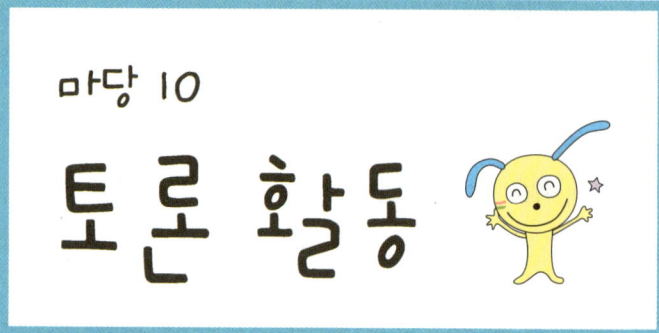

마당 10 토론 활동

생각 활짝(123쪽)

■ 생각 그물 : 예

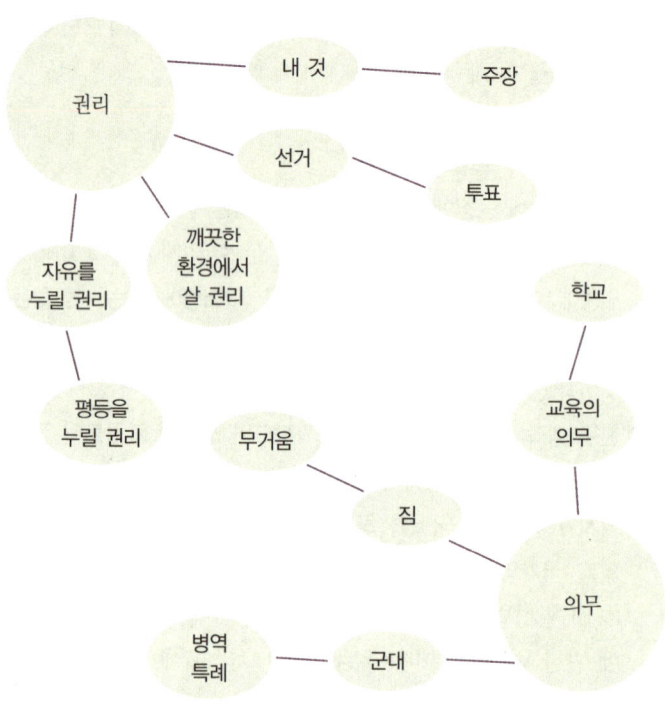

톡톡 독서 감상문(120쪽)

■ 감상문 : 예 안녕하세요? 저는 차윤지라고 합니다. 제가 읽은 재미있는 책을 여러분에게 소개해 드리려고 이 자리에 나왔습니다.

제가 읽은 책은 「리틀 변호사가 꼭 알아야 할 법 이야기」입니다. 제 꿈은 변호사가 되는 것입니다. 서점에서 이 책을 보는 순간, 저에게 필요한 책이라는 생각이 들어서 이 책을 구입하게 되었습니다. 여러분 중에 변호사, 검사, 판사를 꿈꾸는 친구들이 있다면 꼭 읽어 보라고 권하고 싶습니다. 물론 법에 관심이 없는 친구들도 이 책을 읽으면 법에 대한 상식을 많이 쌓을 수 있을 것입니다.

저는 이 책을 통해 청소년 보호법, 환경법, 국제법 등 우리를 둘러싼 많은 법들이 있으며, 심지어 바다, 하늘, 우주에도 법이 있다는 것을 알았습니다.

특히 기억에 남는 내용은 우리가 인라인 스케이트를 탈 때 헬멧 같은 보호 장구를 착용해야 한다는 것입니다. 제 동생 아현이는 6살인데, 만약 제 동생이 인라인 스케이트를 탈 때 보호 장구를 착용하지 않는다면, 저희 부모님은 범칙금 2만원을 내야 합니다. 어린아이가 스케이트를 타다가 다칠 수도 있는데, 보호자인 부모님이 제 동생에게 안전 장비를 착용하게 하지 않았기 때문입니다.

이렇듯 법은 우리 생활 가까이에 있습니다. 우리가 매일 숨을 쉬면서 공기의 소중함을 모르듯이, 법도 우리가 숨쉬는 공기처럼 우리 가까이에 있습니다. 여러분들도 이 책을 통해 법에 대해 배우고, 법의 소중함을 느낄 수 있었으면 좋겠습니다.

생각 주렁주렁(토론)

혜택을 주어야 해요(124쪽)

1. 국위 선양을 한 운동선수에게 병역 면제의 혜택을 주어야 한다.
2. 왜냐하면, 세계적으로 널리 알려진 운동선수들을 통해서 외국인들에게 우리나라의 이미지를 좋게 심어 줄 수 있고, 이는 우리나라 상품을 광고하는 데에 도움을 줄 수 있기 때문입니다.
3. 운동선수가 세계적인 대회에 나가 입상을 하여 국민들에게 기쁨을 안겨 주고, 국가의 이름을 드높였기 때문이다.

(해설) 주장에 대한 타당한 근거를 제시하는 문제이다. 특례법은 일반법이 적용되지 않은 부분을 보충하거나, 일반법과 차별을 두어야 할 때에 만들어지는 법이다. 예를 들어, '교통사고 처리 특례법'은 피해자가 가해자를 처벌하지 않기를 바란다면 가해자를 처벌하지 않는 특례를 인정해 주는 법으로, 교통사고 관련자에 대한 처리 절차를 신속·간편하게 하기 위해 제정되었다. 즉, 사고만 발생하면 모두

처벌의 대상이었던 가해자를 구제하기 위한 조치라고 볼 수 있다. 그러나 모든 가해자를 구제하는 것은 아니고, 예외 조항(10개 항목)을 두어 이에 해당하는 사고 가해자는 형사 처벌을 받게 된다.

혜택을 주면 안 돼요(125쪽)

1. 국위 선양을 한 운동선수에게 혜택을 주어서는 안 된다.
2. '만인은 법 앞에 평등하다.'는 말이 있습니다. 모든 사람들은 차별받지 않고 평등한 대우를 받아야 하며, 이를 법으로 보호해야 한다는 뜻입니다. 그런데 운동선수에게만 병역을 면제해 주는 것은 불공평한 일입니다. / 특별한 재능을 가진 사람과 그렇지 않은 사람을 나누어서 차별하는 것은 옳지 않습니다.
3. ㉮ 군대에서도 얼마든지 자신의 재능을 개발할 수 있다. 예를 들어, '국군 체육 부대'에 들어가면 군사 훈련도 받고 운동도 계속할 수 있다.

국군 체육 부대

'국군 체육 부대'는 '상무'라고도 하며, 군 체육 향상과 국가 체육 진흥을 목적으로 1984년에 설립된 부대이다. 위치는 경기도 성남에 있다. 국군 체육 부대는 단체 경기 10종목과 개인 경기 12종목, 사격 경기 3종목 등 총 25개 종목을 육성하며, 축구장·수영장·야구장 등 종합 체육 시설을 완비하였다. 매년 '국방부 장관기 태권도 대회', '육군 참모 총장기 사격 대회' 등을 유치하고, '국방 체육 세미나'를 개최하는 등 군 전투력 및 체육 발전, 나아가 국가 체육 진흥에 이바지해 왔다.

생각 또박또박(의견 정리)

126쪽

	혜택을 주어야 한다
의견 쓰기 (한 문장으로 쓰세요.)	국위 선양을 한 운동선수에게 혜택을 주어야 한다.
그렇게 결정한 이유	운동선수가 세계적인 대회에 나가 입상을 하여 국민들에게 기쁨을 안겨 주고, 국가의 이름을 드높였기 때문이다.
이유에 대한 자세한 설명 (예를 제시하면 좋아요.)	국위 선양을 하여 국민들을 기쁘게 하고 나라의 이름을 세계에 알려서 나라의 이미지를 좋게 했다면, 국가가 이에 보답하는 것은 당연하다. 또한, 운동선수가 운동에만 열중할 수 있도록 국가가 병역 혜택을 준다면, 운동선수는 더 좋은 성적을 내어 우리나라의 체육을 더욱 발전시킬 것이다.
전체 내용 정리하기	국위 선양을 한 운동선수에게 혜택을 주어야 한다. 왜냐하면, 운동선수가 세계적인 대회에 나가 입상을 하여 국민들에게 기쁨을 안겨 주고, 국가의 이름을 드높여서 국가의 이미지를 좋게 만들었기 때문이다. 이런 운동선수들에게 국가가 보답을 하는 것은 당연하다. 또한, 운동선수가 운동에만 열중할 수 있도록 국가가 병역 혜택을 준다면, 운동선수는 더 좋은 성적을 내어 우리나라의 체육을 더욱 발전시킬 것이다. 따라서 국위 선양을 한 운동선수에게 혜택을 주어야 한다.

	혜택을 주면 안 된다
의견 쓰기 (한 문장으로 쓰세요.)	국위 선양을 한 운동선수에게 혜택을 주어서는 안 된다.
그렇게 결정한 이유	군대에서도 얼마든지 자신의 재능을 개발할 수 있다.
이유에 대한 자세한 설명 (예를 제시하면 좋아요.)	'국군 체육 부대'에 들어가면 군사 훈련도 받고 운동도 계속할 수 있다.
전체 내용 정리하기	병역 특례에 찬성하는 사람들은 운동선수가 군대에 가면 자신의 재능을 개발한 시간이 없기 때문에 병역 면제 혜택을 주어야 한다고 주장한다. 그러나 군대에서도 얼마든지 자신의 재능을 개발할 수 있다. 예를 들어, '국군 체육 부대'에 들어가면 군사 훈련도 받고 운동도 계속할 수 있다. 이곳에서는 운동선수들을 운동 종목별로 나누고 체계적인 훈련과 교육을 받을 수 있도록 해 준다. 그러므로 국위 선양을 한 운동선수에게 혜택을 주는 것이 옳지 않다.

[마당 10 룰루랄라 글쓰기]

낱말과 문장을 알아봐요

첫 번째 문제(127쪽)

1. 엉망진창
2. 심정
3. 소음
4. 훼손
5. 투덜투덜
6. 보존

두 번째 문제(127쪽)

1. 예 자연은 후손에게 잠시 빌린 것이므로, 훼손하지 않고 잘 보존해야 한다. / 상자를 잘 보존하지 못해서 그 안에 들어 있던 물건이 훼손되었다 등
2. 예 위층에서 들리는 소음 때문에 윤지는 계속 투덜투덜거렸다. / 아버지께서 투덜투덜하시는 이유는 텔레비전에서 들리는 소음 때문이다 등
3. 예 동생이 엉망진창으로 방을 어질러 놓아서 울고 싶은 심정이다. / 일이 엉망진창으로 꼬여 버려서 울고 싶은 심정이었지만 다시 힘을 내었다 등

세 번째 문제(128쪽)

1. 평등권
2. 자유권
3. 청구권
4. 참정권
5. 생존권

(해설) 대한민국 국민이라면 누구나 갖게 되는 '권리'를 제대로 알고 있는지 확인하는 문제이다. '권리'에는 자유권, 평등권, 생존권, 참정권 등의 기본권이 있다.

- 평등권 : 모든 국민은 법 앞에 평등하며, 누구든지 성별·종교·사회적 신분 등에 의하여 정치적·경제적·사회적·문화적 생활의 모든 영역에서 차별받지 않는 권리를 말한다.
- 자유권 : 인간이라면 누구나 신체적·경제적·정신적 자유 등을 가질 권리를 말한다.
- 청구권 : 기본권을 보장하기 위한 기본권이다.
- 참정권 : 모든 국면이 능동적으로 국정에 참여할 수 있는 권리를 말한다.
- 생존권 : 실질적 평등과 분배 정의를 핵심 내용으로 하여, 국가에 그 이행을 적극적으로 요구하는 권리이다.

네 번째 문제(128쪽)

1. 예 버스를 탈 때 버스비를 냈으므로 내가 가려는 곳까지 버스를 타고 갈 수 있다. / 모든 국민은 법 앞에 평등하다 등
2. 예 버스 기사는 모든 승객을 목적지까지 안전하게 태워다 주어야 한다. / 내가 쓴 전기량만큼 세금을 내야 한다 등

요약해 봐요

첫 번째 문제(129쪽)

1. (순서대로)
   어느 / 있잖아?" / 두더지가 / 싶었다. /
   집을 / 버렸다.

(해설) 글의 내용을 제대로 알고, 요약할 수 있는지 확인하는 문제이다. 요약하면서 글을 읽으면 글 전체의 내용을 이해하기 쉽다. 특히 이야기 글은 더욱 쉽게 파악할 수 있다.

2. 두더지는 참새를 골탕 먹이려고 둥치가 썩은 나무에 참새가 집을 짓게 했다. 집을 다 지은 참새가 새끼들을 데리러 간 사이에 둥치가 썩은 나무는 부러졌고, 두더지굴도 그 나무에 막혀 버렸다.
3. 예 참새처럼 편한 것만 생각해서는 안 된다. / 두더지처럼 쓸데없이 남을 골탕 먹이려다가 자신도 피해를 입게 된다 등

두 번째 문제(130쪽)

- 밑줄 그은 문장 : 예 큰아들은 부채 장사를 하고, 작은아들은 나막신 장사를 하였습니다. / 이렇게 날이 개면 나막신이 잘 안 팔리게 되니 그것이 걱정이라오." / 이렇게 비가 내려 날이 선선하면 어느 누가 부채를 사겠습니까?" / "날이 개면 큰아들의 부채가 잘 팔리니 좋고, 날이 흐려 비가 내리면 작은아들의 나막신이 잘 팔리니 좋다고 생각해 보세요."
- 요약문 : 예 옛날 어느 곳에, 부채 장사를 하는 큰아들과 나막신 장사를 하는 작은아들을 둔 어머니가 있었다. 어머니는 비 오는 날에는 큰아들이, 비가 갠 날에는 작은아들이 물건을 팔지 못할까 봐 걱정이었다. 그런데 "날이 개면 부채가 잘 팔리니 좋고, 날이 흐려 비가 내리면 나막신이 잘 팔려서 좋다."는 이웃 아주머니의 말을 듣고, 그 뒤로는 걱정 없이 살았다.

마당 11 주제 활동

생각 활짝(132쪽)

(해설) 이번 주제는 '법'이다. 만화를 참고하여 미래의 법정 모습을 떠올려 보고, 미래에는 어떤 법들이 생겨날지 생각해 보도록 한다.

생각 주렁주렁 (읽을거리)

학교 주변에도 법이 있어요(133쪽)

1. 예 어린이 보호 구역, 학교 환경 위생 정화 구역
   (해설) '학교 환경 위생 정화 구역'은 '절대 정화 구역'과

'상대 정화 구역'으로 나뉜다. 절대 정화 구역은 학교 출입문으로부터 직선 거리로 50m까지의 지역이고, 상대 정화 구역은 학교 경계선으로부터 직선 거리로 200m까지의 지역 중 절대 정화 구역을 뺀 지역이다. 또한, 절대 정화 구역에서는 설치가 불가하나, 상대 정화 구역에서는 심의 후 설치 가능한 업종에는 유흥 주점, 모텔, 비디오 방, 노래방 등이 있다.

2. 예) 학교 수업이 끝나고 집으로 돌아가는 길에 위험한 일이 벌어질 수 있다. 이를 방지하기 위해서 어린이들에게 '수호 천사 목걸이'를 착용하게 한다. 위험을 느끼면 목걸이에 있는 단추를 눌러 가장 가까운 곳에 있는 경찰에게 알리는 것이다. / 학교에서 집단 따돌림을 받는 학생들이 생기지 않도록 '어깨동무법'을 만든다 등

늘어나는 사이버 범죄(134쪽)

1. 사이버 범죄란, 컴퓨터 통신 따위를 이용하여 사이버(가상 / 인터넷) 공간에서 행하는 범죄이다.
   (해설) '게임 아이템'과 '게임 머니'는 인터넷 게임에서 사용하는 용어이다. '게임 아이템'은 검, 방패, 갑옷, 보호 망토 등 게임 상에서만 사용할 수 있는 게임 도구들이다. 또한, '게임 머니'는 게임상에서만 사용할 수 있는 가상의 돈이다. 이러한 게임 아이템과 게임 머니를 실제 돈을 주고 사고 팔거나, 훔치는 일이 늘어나고 있다.

2. 예) 3개월 동안 '게임 금지' 판결을 내릴 것이다. / 민수가 훔친 게임 아이템의 원래 주인에게 '사과의 이메일'을 쓰게 한다. / 한 달 동안 '사이버 범죄 예방 교육'을 받게 한다 등

지구의 환경을 보호하는 법(135쪽)

1. 예) 정화 과정을 거치지 않고 내보낸 더러운 공기가 다른 나라에도 퍼져 나가서 결국 전 세계 사람들은 모두 산소 마스크를 쓰고 다녀야 할 것이다. / 시커먼 매연이 온 지구를 뒤덮어서 낮에도 밤처럼 캄캄해질 것이다 등
   (해설) 전 세계 사람들이 공기뿐만 아니라, 물·토양·우주 공간 등이 오염되는 것을 막기 위한 노력을 하지 않는다면 지구는 어떻게 될지 각각 질문하는 것도 좋다.

2. 예) 공통점은 우리가 살고 있는 '환경을 보호하기 위한 법'이라는 것이다. 차이점은 '환경법'은 우리나라에서 지켜야 하고, '국제 환경법'은 전 세계에서 지켜야 한다는 것이다.

생각 또박또박(통합 교과 논술)

문제를 해결해 봐요(138쪽)

1. 나를 둘러싼 환경은 내가 살아가는 데에 아주 커다란 영향을 미친다는 뜻이다. / 환경은 인간의 육체적 건강은 물론 정신적 건강에도 영향을 미치기 때문에 그만큼 중요하다는 뜻이다 등
   (해설) 문맥을 제대로 이해하고 있는지 확인하는 문제이다. 글 (가)에서 그 뜻을 찾아보게 한다.

2. 국내의 환경법을 지키지 않는다면 우리는 소음, 더러운 물과 공기, 넘치는 쓰레기 속에서 살아야 할 것이다.

3. 예) 지구의 환경을 보존하려는 노력들이 없어져서 결국 지구는 사람이 살 수 없는 곳으로 바뀔 것이다. / 깨끗한 지구를 후손에게 물려줄 수 없다 등

4. 예) 사람들이 쾌적한 환경에서 살면서, 후손들에게 깨끗한 지구를 물려주어야 하기 때문이다.

5. 예) 일회용품을 사용하지 않는다. / 음식을 남기지 않는다 등

6. ■ 개요 : 예)

구 분	내 용
처음	• 사람과 환경의 관계 – 환경이 사람을 만든다.
가운데	• 국내와 국제 환경법을 지키지 않았을 때의 변화 – 국내의 '환경법'을 지키지 않는다면 우리는 나쁜 환경 속에서 살아야 한다. – '국제 환경법'을 지키지 않는다면 지구는 사람이 살 수 없는 곳으로 바뀌어 깨끗한 지구를 후손에게 물려줄 수 없을 것이다. • 환경을 보전하기 위한 방법 – 일회용품을 사용하지 않는다. / – 음식을 남기지 않는다.
끝	• 환경법을 지켜야 하는 이유 강조 – 쾌적한 환경에서 살기 위해서, 그리고 깨끗한 환경을 후손에게 물려주기 위해서 환경법을 지켜야 한다.

■ 답안 : 예)

　'환경이 사람을 만든다.'는 말이 있다. 사람을 둘러싼 환경은 사람이 살아가는 데에 아주 커다란 영향을 미친다는 뜻이다. 만약 환경을 보호하고 가꾸지 않는다면 우리 생활은 어떻게 될까? '환경법'은 국내의 환경과 관련된 모든 일을 다루는 법이다. 만약 '환경법'을 지키지 않는다면 우리는 나쁜 환경 속에서 살아야 할 것이다. 공장에서는 폐수를 그냥 강에 버릴 것이고, 자동차와 공장에서 내뿜는 매연 때문에 숨을 쉬기 힘들어질 것이다. 또한, 거리 곳곳에 쓰레기가 넘쳐 날 것이다. '환경법'이 우리나라 사람들이 지켜야 할 법이라면, '국제 환경법'은 전 세계 사람들이 지켜야 할 법이다. '국제 환경법'을 지키지 않는다면 환경을 보전하려는 노력들이 없어져서 지구의 환경 오염이 더 심각해질 것이고 결국 지구는 사람이 살 수 없는

곳으로 바뀔 것이다.

나는 앞으로 환경을 보전하기 위해서 일회용품의 사용을 줄일 것이다. 우리들이 자주 사용하는 일회용 컵을 분해하는 데에 걸리는 시간은 20년 이상이라고 한다. 게다가 칫솔은 100년 이상, 스티로품은 500년 이상이라고 한다. 지금과 같이 일회용품을 마구 사용한다면 지구는 넘쳐 나는 쓰레기로 몸살을 앓을 것이다. 또한, 앞으로는 음식을 남기지 않을 것이다. 우리나라에서 하루에 나오는 음식물 쓰레기의 양은 11,315톤에 이른다고 한다. 내가 먹을 만큼만 담아 먹는 습관을 들이면, 적당한 양을 먹게 되어 몸도 건강해지고 환경도 지킬 수 있다.

환경은 소중하다. 쾌적한 환경에서 살고 후손들에게 깨끗한 지구를 물려주기 위해서 우리는 환경법을 지켜야 한다. 환경을 보전하는 일은 어려운 일이 아니다. 일회용품 사용하지 않기, 음식물 남기지 않기 등 작은 것부터 실천하면 된다.

[마당 11 나도 영재]

배부른 원숭이(142쪽)

■ 바나나 총 개수 : 18.5개

(해설) 이 문제를 풀려면 우선 맨 처음 상자 속에 들어 있던 바나나의 개수를 알아야 한다. 미현, 근석, 기범이는 바나나를 계속 4등분으로 나누었으므로, 맨 처음 바나나의 개수는 4의 배수임을 알 수 있다. 즉, $4 \times 4 \times 4 = 64$로, 맨 처음 상자 안에 들어 있던 바나나의 개수는 64의 배수이다. 그런데 문제 조건에서 '상자 안의 바나나의 개수는 100개 이하'라고 했으므로, 맨 처음 상자 안에 들어 있던 바나나의 개수는 64개이다.

미현이는 64개의 바나나를 4등분하였으므로, 바나나 16개($64 \div 4 = 16$)를 원숭이 두 마리에게 똑같이 나누어 주었다. 그러므로 미현이가 원숭이 한 마리에게 준 바나나의 개수는 8개이다.

근석이는 상자에 남은 48개의 바나나를 4등분하여 원숭이들에게 나누어 주었으므로, 바나나 12개($48 \div 4 = 12$)를 원숭이 두 마리에게 똑같이 나누어 주었다. 그러므로 근석이가 원숭이 한 마리에게 준 바나나의 개수는 6개이다.

같은 방법으로 기범이는 상자에 남은 36개의 바나나를 4등분하여 원숭이에게 나누어 주었으므로, 바나나 9개($36 \div 4 = 9$)를 두 마리의 원숭이에게 똑같이 나누어 주었다. 그러므로 기범이가 원숭이 한 마리에게 준 바나나의 개수는 4.5개이다.

결국 원숭이 한 마리가 먹은 바나나의 총개수는 $8 + 6 + 4.5 = 18.5$개이다.

마당 12 과학탐구활동

생각 활짝

생각해 봐요(144쪽)

■ 예) 하얀색, 노란색, 검정색 등

(해설) 자신이 좋아하는 색을 자유롭게 말한다.

생각 또박또박(통합 교과 서술)

149쪽

1. 예) 노홍색(노랑+분홍) / 복숭아 색 등

   (해설) 학생이 자유롭게 상상한 이름을 쓰게 한다. 학생이 쓴 답을 발표 한 후에, 살색의 이름이 '살구색'으로 바뀌었다는 것을 알려 준다.

2. 홍당무는 다른 색 파장의 빛은 모두 흡수하고 주황색 파장의 빛을 반사하기 때문에 우리 눈에 주황색으로 보이는 것이다.

3. 예시 그림 생략

   (해설) 초록색 셀로판 종이를 올리면 '어머니'라는 글자는 보이지 않고, '아버지'라는 글자만 검게 보인다.

일상에서 배우는 수학

문제(153쪽)

1. 경진이는 1교시부터 6교시까지 학교 수업을 받았으므로, '1교시+휴식 시간+2교시+휴식 시간+3교시+휴식 시간+4교시+점심 시간+5교시+휴식 시간+6교시'를 계산하면 된다. 즉, '40분+10분+40분+10분+40분+50분+40분+10분+40분=330분=5시간 30분'이다. 수업을 시작한 시각은 오전 9시이므로, '오전 9시+5시간 30분=14시 30분'이다.

   따라서 6교시 수업이 모두 끝난 시각은 '오후 2시 30분'이다.

2. 엘리스가 이상한 나라에 도착한 시각은 오후 2시 40분이며, 현재 엘리스의 시계는 오전 11시 50분을 가리키고 있다. 엘리스가 이상한 나라에서 보낸 시간은 '오후 2시 40분-오전 11시 50분'이다. 즉, '14시간 40분-11시간 50분=2시간 50분'이다.

   바깥 세상의 현재 시각은 '이상한 나라에 도착한 시각+이상한 나라에서 보낸 시간'이므로, '오후 2시 40분+2시간 50분=오후 5시 30분'이 된다.

마당 9~12 - 듣기 평가 ③

귀에 쏙쏙 생각쑥쑥

[1~3] 듣기 대본(154쪽)

1470년에 드디어 종합 법전인 경국대전이 완성되었지. 경국대전은 지금의 헌법과 같다고 보면 돼. 경국대전이 완성되면서 조선은 법치 국가로서 당당한 면모를 갖추게 되었어.

경국대전에는 관리의 임명과 관제에 대한 내용은 물론이고, 백성들의 생활에 관한 내용들까지 비교적 자세하게 다루고 있단다.

예를 들어, 혼인 관계에 대해 경국대전에서는 이렇게 정해 놓고 있지.

'남자는 15세, 여자는 14세 되는 해부터 혼인을 할 수 있다. 재혼의 경우, 사대부는 아내가 죽은 지 3년이 지나야 다시 장가를 갈 수 있다…….'

이렇게 이어져 온 우리 법은 일본의 침략으로 나라를 잃게 되면서 아무런 힘도 갖지 못하게 되었어. 일본 법이 우리 국민에게 적용되었으니까 말이야.

그 후 1945년에 광복을 맞고, 1948년 대한민국이란 이름으로 정부가 수립된 후 당당한 대한민국 헌법이 만들어졌어. 7월 17일 제헌절이 바로 우리나라 헌법이 탄생한 날이란다.

1. ⑤
   (해설) 일본 침략기에는 일본 법이 우리나라의 국민에게 적용되었다.

2. ③
   (해설) 제헌절은 7월 17일, 개천절은 10월 3일, 한글날은 10월 9일이다. 우리나라의 헌법이 탄생한 날은 제헌절이다.

3. 경국대전

[4] 듣기 대본(155쪽)

어린 나무가 커다란 나무로 자라기 위해서는 적당한 햇빛과 물, 그리고 영양분이 필요해. 그런 것처럼 미래의 꿈나무들인 어린이들이 잘 자라기 위해서도 역시 특별한 보호가 필요하단다. 사회적으로나 법적으로 말이지. 아동 복지법, 청소년 보호법이 바로 그런 법에 속해. 아직 성인이 되지 않은 어린이와 청소년을 보호하기 위해 만들어진 법이거든.

4. 예 미래의 꿈나무인 어린이와 청소년을 잘 자라게 하기 위해서이다. / 어린이와 청소년을 사회적·법적으로 보호하기 위해서이다. / 아직 성인이 되지 않은 어린이와 청소년을 보호하기 위해서이다 등

[5] 듣기 대본(155쪽)

법정에는 사람만 서는 게 아니란다.

역사상 많은 동물들이 법정에 섰고 또 벌을 받았지. 기록으로 전해지는 가장 오래된 동물 재판은 864년 독일 남서부 지방에서 있었다고 해.

당시 그 마을에서는 벌에 쏘인 사람이 죽는 사건이 일어났는데, 그 죄를 묻기 위해 벌을 피고의 자리에 세운 거야. 결국 의회는 그 벌을 질식사시키라는 판결을 내렸고, 벌들은 둥지째 질식사당하고 말았단다.

1471년 스위스 바젤에서는 수탉이 사형을 선고받는 일이 있었어. 글쎄, 수탉이 알을 낳았다는데 그래서 붙여진 죄명이 '자연의 법칙을 어긴 죄'였대. 그래서 어떻게 됐냐고? 그 수탉은 유죄 판결을 받고 화형에 처해졌다고 전해지지.

5. (1) ㉠ 벌에 쏘인 사람이 죽는 사건이 일어났기 때문이다.
       ㉡ 질식사
   (2) ㉠ 수탉이 알을 낳았기 때문이다.
       ㉡ 화형

6. 예 한나네 가족법 제1조. 거짓말을 해서는 안 된다. 거짓말한 사실이 드러나면 1주일 동안 외출 금지에 처한다. / 한나네 가족법 제2조. 매주 토요일 오후 6~7시는 '가족의 대화' 시간으로 정한다. 모든 가족 구성원은 빠짐없이 대화에 참여해야 한다. / 한나네 가족법 제3조. 자기 방 청소는 스스로 한다. / 한나네 가족법 제4조. 한 달에 한 번은 가족 나들이를 꼭 간다.
   (해설) 나만의 가족법을 정하고 그 법을 정한 이유를 조리 있게 말한다.